COMPACT SPICKER

Geschichte

Grundwissen

W0401993

Mike Hillenbrand
Lars Klaaßen

Compact Verlag

Chefredaktion: Evelyn Boos
Redaktion: Astrid Kaufmann
Produktion: Wolfram Friedrich
Gestaltung: Carsten Abelbeck
Umschlaggestaltung: Gabi Spiegl

ISBN 3-8174-7509-8
7275091

Besuchen Sie uns im Internet: www.compactverlag.de

Vorwort

Das aktuelle und praktische Nachschlagewerk konzentriert sich auf das Wesentliche und behandelt die Bereiche, die erfahrungsgemäß wichtig sind und dem Lernenden häufig Probleme bereiten.

Die Themen werden übersichtlich und leicht verständlich auf einer oder zwei Doppelseiten dargestellt. Eine kurze Einleitung zu Beginn jedes Kapitels gibt die nötigen Basisinformationen. Interessante Hintergründe historischen Geschehens sowie Zeittafeln sind folgendermaßen hervorgehoben:

> Diese kleinen Spickzettel kennzeichnen wichtige Zusatzinformationen, die für das Verständnis historischer Zusammenhänge hilfreich sind.

Vor- und Frühgeschichte

Bis vor etwa 2 Millionen Jahren spielte sich die gesamte Entwicklung der Menschheit in Afrika ab. Dann aber, zu Beginn des Pleistozäns, machte sich der Mensch zum ersten Mal auf, die Welt zu „erobern". Der Homo erectus, der „aufrechte Mensch" erschien auf der Bildfläche.

Wie lebten die ersten Menschen?

Über mehrere 100.000 Jahre war der Faustkeil das einzige Werkzeug des Menschen. Vor etwa 700.000–400.000 Jahren tauchten erstmals Populationen mit größerer Schädelkapazität auf: der *Homo sapiens*. Zu ihnen gehört auch der *Neandertaler*, der sich durch eine flache Stirn, auffällige Wülste über den Augen, ein fliehendes Kinn, einen kegelförmigen Hinterkopf sowie ein verhältnismäßig großes Gehirn auszeichnet. In diese Zeit fällt auch die Entdeckung des Feuers (vor etwa 500.000 Jahren). Mit der Macht über dieses Element konnte sich der Mensch den Widrigkeiten kälterer Klimazonen widersetzen. Die Lebensgrundlage in der Altsteinzeit war das Jagen und Sammeln, begleitet von sorgsamer Vorratswirtschaft. Um sich die Jagd zu erleichtern, erfand der Mensch entsprechende Werkzeuge. Zunächst waren es noch einfache Steine, Knochen oder Stöcke. Die zunehmend intelligenten Menschen entwickelten diese jedoch weiter: Sie schlugen die Steine spitz zu und schnitzten Stöcke zurecht.

Waren die ersten Menschen bereits sesshaft?

Die Menschen wohnten gewöhnlich in Höhlen und hatten somit vorübergehend einen festen Wohnsitz, der sich relativ leicht ver-

teidigen ließ. In der Steppe oder Tundra dienten Kuhlen oder Löcher im Boden, die mit Geäst und Zweigen abgedeckt wurden, als Behausung. Das Jagdrevier wurde allerdings verlassen, sobald sich der Aufwand der Nahrungsbeschaffung als zu hoch erwies.
Bei der Durchquerung eines eher kargen Gebietes nahm man lebende Nahrung, z. B. Ziegen und Schafe, mit. Diese Tiere waren genügsam und boten Fleisch, Milch und Wolle. Sie vermehrten sich und ließen sich einfach hüten. Mit ihnen besaß man Kapital, verfügte über Prestige und eine Altersvorsorge. Die Bedürfnisse der Tiere bestimmten die Marschrichtung und -geschwindigkeit, aber auch die Verweildauer, denn es musste stets genügend Wasser und Nahrung für alle vorrätig sein. Damit war der erste Schritt zur Sesshaftigkeit getan.

Wie wurden aus umherziehenden Nomaden Siedler?
Mit der Viehwirtschaft wurden neben Fleisch, Milch und Knochen auch Käse, Jogurt, Kefir, Leder, Felle und Hörner produziert. Fahrende Händler boten die Überschüsse bei anderen an. So konnten fehlende Güter erworben bzw. getauscht werden, ohne dass man die Umgebung verlassen musste. Dieser zweite Schritt zur Sesshaftigkeit brachte den Menschen dazu, auch den Boden zu bewirtschaften. So waren aus Nomaden erst Viehzüchter und schließlich Bauern geworden. Die beschriebene Entwicklung machten immer nur einzelne Nomadenstämme durch. Noch zu Christi Geburt soll etwa die Hälfte aller Menschen ein Jäger- und Sammlertum praktiziert haben, obwohl es daneben zahlreiche sesshafte Kulturen gab, die bereits große Siedlungen und Städte errichtet hatten.

Ägypten und seine Geschichte

Nachdem sich die Kulturen in Unter- und Oberägypten nach mehreren Kriegen geeinigt hatten, schlossen sich beide Landesteile um 2850 v. Chr. zusammen. Der interne Frieden ermöglichte die Entwicklung der Schrift und des Kalenders. Eine umfassende Verwaltungshierarchie wurde errichtet.

Wie kam das Reich zu seinen Königen und einer Hauptstadt?
Die ägyptischen Könige, für die sich das hebräische Lehnwort *Pharao* einbürgerte, regierten zuerst von verschiedenen Orten aus. Pharao Djoser aus der 3. Dynastie (um 2609–2590 v. Chr.) bestimmte nach Unruhen Memphis zur permanenten Hauptstadt. Das Reich wurde in einzelne Verwaltungsteile, so genannte *Gaus*, gegliedert. Während der 4. Dynastie (ab 2590 v. Chr.) galt der König als Gott, dem mit den riesigen Pyramiden königliche Grabstätten erbaut wurden. In der 5. Dynastie (ab 2470 v. Chr.) rückte die Verehrung des Sonnengotts *Ra (Re)* in den Vordergrund, als dessen Sohn der jeweilige König verehrt wurde. Im Gegenzug tauchte der Kult des *Osiris* als Friedensgott und Totenherrscher auf, mit dem der König nach dem Tod angeblich wesensgleich wurde.

Bauten die Dynastien und Reiche aufeinander auf?
Mit dem Ende der 6. Dynastie (bis 2160 v. Chr.) ging das *Alte Reich* unter und Mentuhotep II. wurde zum neuen Gründer des so genannten *Mittleren Reiches*. Doch in der 13. und 14. Dynastie wurde die Einheit Ägyptens erneut durch schwache Könige gefährdet. Hatschepsut, Königin in der 18. Dynastie des *Neuen*

Reichs, regierte von 1490–1468 v. Chr. Sie war die dritte Pharaonin, nachdem sowohl im *Alten* als auch im *Mittleren Reich* jeweils eine Königin regiert hatte. Nachdem ihr Halbbruder und und Ehemann, Thutmosis II., früh gestorben war, übernahm sie die Regentschaft für ihren Stiefsohn Thutmosis III. Zwei Jahre später wurde sie offizielle Königin und führte Ägypten durch eine ruhige politische Phase. Nach ihrem Tod war der Thron frei für Thutmosis III.

Wer waren Echnaton und Ramses?

Echnaton war von 1364–1347 v. Chr. ägyptischer Pharao aus der 18. Dynastie des *Neuen Reichs*. Er wurde bekannt als so genannter *Ketzerkönig*, weil er den Sonnenkult um den Gott *Aton* gegen die alten ägyptischen Götter durchsetzen wollte. Er verlegte Ägyptens Hauptstadt von Theben nach Achet-Aton. Sein Schwiegersohn und Nachfolger Tutanchamun machte Theben nach Echnatons Tod wieder zur Hauptstadt und stellte die polytheistische Religion wieder her. Die Regierungszeit Ramses II. gilt als Höhepunkt in der Geschichte des alten Ägypten. Er starb im Jahr 1224 v. Chr., nachdem er riesige Monumentalbauten hatte errichten lassen. Als Feldherr kämpfte er gegen die Hethiter. Mit Alexander dem Großen gelangte 332 v. Chr. die makedonische Ptolemäer-Dynastie auf den Thron Ägyptens. Nach dem Tod Kleopatras 30 v. Chr. wurde Ägypten zur römischen Provinz.

Büste der Nofretete

Die griechische Kolonisation

Zwischen dem 9. Jh. und dem Ende des 6. Jh. v. Chr. breitete sich das Griechentum über die Mittelmeerwelt aus. Es besiedelte die Küsten Unteritaliens, Siziliens, des Schwarzen Meeres sowie die nördliche Ägäis.

Wie kam es zur 1. Griechischen Kolonisation?

Man hat herausgefunden, dass auf dem griechischen Festland von etwa 1700–1200 v. Chr. die so genannte *mykenische Kultur* aufblühte, über die durch archäologische Ausgrabungen der mykenischen Burgen einiges bekannt ist. Über die Zeit von etwa 1100–800 v. Chr. gibt es nur wenige Informationen. In diese Phase fiel um 1050–900 v. Chr. die so genannte *Ionische Wanderung*, in deren Verlauf die Einwohner des griechischen Festlands die Inseln der Ägäis und Kleinasiens kolonisierten. Diese Ereignisse bezeichnet man im Allgemeinen als die *1. Griechische Kolonisation*.

Wie kam es zur 2. Griechischen Kolonisation?

In der Zeit vom 9. bis zum 6. Jh. v. Chr. führten eine Periode des Friedens sowie die Abkehr von der Tötung besiegter Gegner hin zu deren Versklavung in eine starke Bevölkerungszunahme in Griechenland. Da aber gleichzeitig Ägypten unter assyrische Herrschaft fiel und somit nicht mehr als Handelspartner zur Verfügung stand, musste dringend benötigtes Getreide überwiegend vom Schwarzmeergebiet auf Schiffen besorgt werden. Dort und auch in anderen klimatisch vertrauten Gebieten wie Sizilien und Süditalien gründeten die Griechen schließlich ihre eigenen

Siedlungen, um Getreide, Wein und Öl anzubauen. Die Führer dieser so genannten 2. *Griechischen Kolonisation* waren zumeist junge Adelige, die vor der Tyrannenherrschaft in ihrer Heimat flohen. Die sozialen Unruhen aufgrund der Bevölkerungszu- und Lebensmittelabnahme hatten zu strengeren Sitten in den meisten griechischen Städten geführt und so standen genug freiwillige Kolonisten zur Verfügung. Jede Gruppe befragte vor ihrer Abreise das *Orakel von Delphi* und bat um göttlichen Beistand. Waren die Kolonisten glücklich und gesund am Ende ihrer Reise gelandet, sandten sie dem Orakel Dankesgaben. Diese Form der „Rückmeldung" verschaffte den Priestern in Delphi einen guten Überblick über die entstandenen griechischen Kolonien. Aufgrund dieses Wissens war eine gewisse Steuerung der Emigrationsströme möglich.

Welchen Status hatten die Kolonien?

Die frisch gegründeten Städte, die neuen *Poleis*, wurden von den jeweiligen Mutterstädten zwar politisch unabhängig, blieben aber durch kulturellen Austausch und rege Handelsbeziehungen mit ihnen fest verbunden. Bemerkenswert dabei ist, dass im Gegensatz zu der Vielzahl an kleineren griechischen Städten der Stadtstaat Athen keine und Sparta nur eine einzige Kolonie namens Tarent gründeten. Sowohl das nordafrikanische Karthago als auch die Etrusker betrachteten mit wachsender Sorge die ebenso wachsende Anzahl griechischer Kolonien in ihrem Einflussgebiet. Nachdem sie ihre eigenen Handelsinteressen endgültig gefährdet sahen, zogen beide Parteien in den Krieg und setzten den griechischen Kolonisierungsbestrebungen in der *Schlacht bei Alalia* um 540 v. Chr. ein jähes Ende.

Polis – der antike griechische Stadtstaat

Im antiken Hellas existierte Stadt neben Stadt als eigenständige politische Einheit. Man nennt diese staatlichen Gebilde Poleis (Singular: Polis). In jeder Polis war allerdings eine andere Herrschaftsform anzutreffen.

Wie sind die Poleis entstanden?

Bei der Gründung eines gemeinsamen Staates stand den Griechen die geografische Struktur des Landes mit vielen hohen Gebirgszügen und abgeschlossenen Tälern im Weg. So entstanden einzelne, völlig unabhängige Gemeinwesen, die so genannten *Poleis*. Jede *Polis* nahm eine andere eigenständige Entwicklung. Die anfängliche Bedeutung des Wortes *Polis* beschränkte sich in der griechischen Antike auf eine Stadt mit einer Burg. Später wurde mit *Polis* jedoch auch die Gesamtheit der Bürger im Stadtstaat ausgedrückt. Die weltgeschichtliche Entwicklung des Wortes *Polis* kann man daran erkennen, dass im Deutschen wie in vielen anderen Sprachen keine begrifflichen Synonyme für die vom Wort *Polis* abgeleiteten Wörter *Politik* und *politisch* existieren.

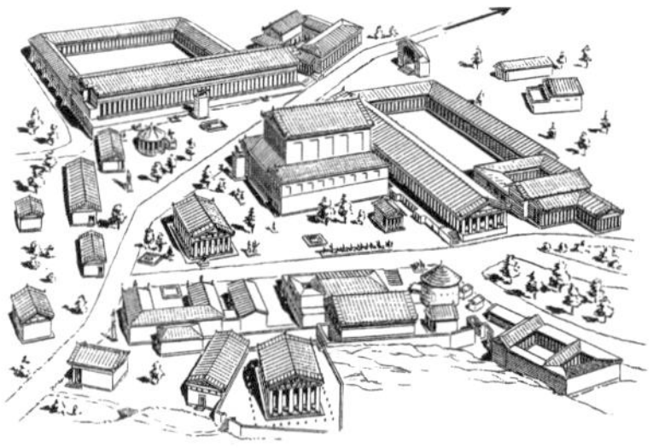

Luftskizze einer griechischen Polis

Wie unterschiedlich konnten sich die Poleis entwickeln?

Poleis wie Theben oder Korinth entwickelten sich auf eine ihnen eigene Art und Weise, indem reiche Kaufmannschaften die Macht ergriffen, die neidisch und besitzergreifend die anderen Städte im Auge behielten. Durch die zahlreichen unterschiedlichen Regierungssysteme der Städte kam es zu Missverständnissen, die oft zu Kriegen führten. Zwei Poleis, die nicht nur zu den führenden in Hellas wurden, sondern auch aufgrund ihrer Unterschiede viele Kriege gegeneinander führten, waren Sparta und Athen.

Was zeichnete Sparta und Athen aus?

Sparta entwickelte sich zu einer Stadt der Krieger, deren Bevölkerung – egal ob männlich oder weiblich – schon von Kindesalter an auf das Kriegshandwerk vorbereitet wurde. Die Grausamkeit der von zwei Königen geführten Stadt Sparta war berüchtigt. So durften einmal im Jahr alle schwachen Sklaven von jungen Kriegern auf offener Straße ermordet werden, um deren Blutinstinkt zu wecken. In Athen dagegen entwickelte sich ein ganz anderes Regierungssystem: Um 624 v. Chr. übertrug Drakon die Blutgerichtsbarkeit einem staatlichen Gericht, dem so genannten *Areopag*. Um 594 v. Chr. beteiligte Solon an Stelle eines herrschenden Königs die gesamte freie männliche Bevölkerung an Regierung und Verwaltung. Trotz einer zwischenzeitlichen Rückkehr zur Tyrannei konnte sich die *Demokratie* in Athen etablieren, als Kleisthenes zwischen 509 und 507 das Regierungssystem reformierte. In der Zeit der Demokratie unter Perikles (443–429 v. Chr.) entstanden die bedeutendsten Gebäude Athens, u. a. die Akropolis.

Die Perserkriege

Die heftigen Auseinandersetzungen zwischen dem Persischen Reich und Griechenland, die in den Jahren 500 bis 449/448 v. Chr. stattfanden, endeten mit dem Kalliasfrieden im Jahr 448. In den Folgejahren gewann Athen an politischem Gewicht.

Wie kam es zum Krieg?

Die Ursache für den Ausbruch der Perserkriege war der Aufstand der kleinasiatischen Stadt Milet 500 v. Chr. im so genannten *Ionischen Aufstand* (500–494 v. Chr.). Obwohl Athen und Eretria mit Milet sympathisierten und Schiffe nach Kleinasien sandten, wurde die Stadt von den Persern zerstört. Nach diesem Sieg schien es den Persern notwendig, ganz Griechenland zu unterwerfen.

Wie verlief der Krieg?

Im Jahr 492 v. Chr. eroberten die Perser Thrakien, wurden aber 490 bei Marathon trotz deutlicher Übermacht von den Athenern geschlagen. 480 v. Chr. vernichtete der Perserkönig Xerxes Athen und besetzte Attika. Doch in der berühmten *Schlacht von Salamis* wurde er durch die geniale Taktik der Griechen, die deutlich in der Minderzahl waren, geschlagen. Als die mit den Persern verbündeten Karthager Süditalien und Sizilien angriffen, wurden sie im Jahr 480 ebenfalls geschlagen. Doch schon ein Jahr später wurden Attika und Athen erneut durch ein persisches Heer zerstört, das aber letztendlich unter der Führung der Spartiaten geschlagen werden konnte. Nach diesem letzten Aufbegehren der Perser gewannen die Griechen endgültig die Oberhand und konnten die gegnerische Flotte 479 vernichten. Nach weiteren Kämpfen zwischen dem neu gegründeten *Attischen Seebund* und den Persern kam es schließlich 448 zum so genannten *Kalliasfrieden*.

Wie kam es zu dem Frieden?

Der athenische Politiker Perikles erkannte, dass man dem Perserreich nicht noch mehr Siege abringen konnte, und sandte im Jahr 449 v. Chr. den reichen Athener Kallias als Unterhändler nach Susa, wo er nach zähen Verhandlungen 448 den so genannten *Kalliasfrieden* erreichte. Während sich Persien verpflichtete, seine Kriegsschiffe aus der Ägäis fernzuhalten und die griechischen Städte Kleinasiens freizugeben, sollten die Griechen auf Ägypten und Zypern verzichten.

Welche Auswirkungen hatte der Krieg auf Athen?

Durch ihre tragende Rolle in den Perserkriegen hatten die Athener ihren Ruf als ernst zu nehmende Seemacht gefestigt und dominierten auch den Handel. Der *Attische Seebund* wurde von Athen in den Jahren 478/77 v. Chr. während der Perserkriege mit den griechischen Städten der kleinasiatischen und der thrakischen Küste sowie den ägäischen Inseln geschlossen. Mehr als 200 Städte und Inseln schlossen sich an und stellten sich freiwillig unter griechische Vorherrschaft. Nach dem Frieden mit den Persern funktionierten die Athener den einstigen „Kampfbund" zu ihrem Herrschaftsinstrument um. Erst nach der Niederlage Athens gegen Sparta im *Peloponnesischen Krieg* 404 v. Chr. wurde der *Attische Seebund* aufgelöst.

Der Peloponnesische Krieg

Der Krieg zwischen Sparta und Athen um die Vorherrschaft in Griechenland von 431–404 v. Chr. sorgte für den Zerfall der griechischen Poleis, was es fremden Mächten ermöglichte, in Griechenland Fuß zu fassen.

Was weiß man über Ursache und Verlauf des Krieges?

Der Athener Perikles forcierte den Krieg aus innen- und machtpolitischen Gründen. Auf Seiten Athens standen der *Attische Seebund*, Thessalien und Teile Westgriechenlands, auf Spartas Seite der *Peloponnesische Bund*, die meisten mittelgriechischen Staaten und die Kolonien Korinths. Athen war finanziell und zur See, Sparta zu Land überlegen. Perikles evakuierte deshalb die attische Landbevölkerung hinter die damals unbezwingbaren *Langen Mauern* und gab Attika den Feinden preis, um sie in Kleinkämpfen zu zermürben (*Archidamischer Krieg* 431–421 v. Chr.). Inzwischen griff die athenische Flotte die Küsten des Peloponnes an. Diese Erschöpfungsstrategie brachte Sparta bis 424 v. Chr. in eine ernste Lage, obgleich Athen durch den Ausbruch der Pest und den Tod des Perikles (429 v. Chr.) geschwächt wurde. Athen verspielte zudem seine Erfolge durch die Machtpolitik von Perikles Nachfolgern. Wegen allgemeiner Kriegsmüdigkeit kam es 421 v. Chr. zum *Frieden des Nikias*. Er garantierte beiden Parteien ihren Besitzstand vor dem Krieg.

Wie lange hielt der Frieden?

413 v. Chr. brach der Krieg von neuem aus (*Dekeleischer Krieg* von 413 bis 404 v. Chr.), als Athen durch die von Alkibiades ver-

anlasste *Sizilische Expedition* entscheidend geschwächt war. Es vermochte den Abfall der Seebundstädte nicht aufzuhalten, während Sparta – seit 412 v. Chr. im Bund mit Persien – nunmehr durch dessen finanzielle Unterstützung eine starke Flotte unterhalten konnte. Auch zwischenzeitliche Seesiege Athens konnten dessen Niederlage nicht mehr verhindern. 405 v. Chr. vernichtete der Spartaner Lysander die letzte athenische Flotte bei Aigospotamoi und zwang Athen 404 v. Chr. durch Einschließung und Aushungerung zur Kapitulation. Es wurde völlig entmachtet. Über das restliche Griechenland errichtete Sparta eine rücksichtslose Hegemonie.

Welche Auswirkungen hatte der Krieg?

Der Peloponnesische Krieg trug zum Zerfall der griechischen Poleis bei. Diese von Aristoteles beschriebenen Gemeinwesen bestanden aus einem städtischen Zentrum und dem umliegenden Gebiet und unterschieden sich dadurch vom Flächen- und Stammesstaat. Als Herrschaftsform traf man dort am häufigsten die *Oligarchie* (Herrschaft einer kleinen Gruppe) sowie die *Demokratie* an. Die Schwächung der Stadtstaaten durch den Krieg führte zum wachsenden Einfluss auswärtiger Mächte – zunächst der Perser, dann der Makedonen und zuletzt der Römer.

Aristoteles

Die Eroberung des Perserreiches

Alexander der Große führte den makedonisch-griechischen Bund von Korinth in einem groß angelegten Feldzug gegen Persien. Damit begründete er das größte Reich der Antike, das nach seinem Tod jedoch wieder zerfiel.

Wer war der Eroberer Alexander der Große?

Als sein Vater Philipp II. von Makedonien im Jahr 336 v. Chr. starb, gelangte Alexander auf den Thron und konnte seine Herrschaft über das durch die ständigen Bürgerkriege geschwächte Griechenland schnell festigen. Bereits zwei Jahre später führte er den noch von seinem Vater geplanten Feldzug gegen Persien an. Aufgrund seiner von Schnelligkeit und Improvisation geprägten Taktik gelang Alexander im Kampf gegen den übermächtigen Perserkönig Darius III. eine militärstrategische Meisterleistung: Im Jahr 334 v. Chr. zog er mit rund 40.000 Soldaten in den Krieg. In den entscheidenden Schlachten 334 am Granikos, 333 bei Issos sowie 331 bei Gaugamela wandte Alexander das von dem Thebaner Epaminondas entwickelte taktische Prinzip der *schiefen Schlachtordnung an*. Dabei wurde der zur Herbeiführung der Entscheidung bestimmte Flügel auf Kosten des anderen besonders stark gemacht. Darius floh nach der Niederlage bei Gaugamela und wurde später von einem Vasallen ermordet.

Wie konnte sich aus den Siegen Alexanders der Hellenismus entwickeln?

Nach der Eroberung der ostiranischen Provinzen und der Rückkehr aus Indien 325 betrieb Alexander eine Versöhnungs- und

Assimilierungspolitik mit dem Ziel der Verschmelzung von Makedonen und Persern. Dazu diente unter anderem die *Massenhochzeit von Susa* im Jahr 324.

Mit dieser Politik wurden am Ende des Rache- und Eroberungskriegs die politischen Grundlagen des Hellenismus geschaffen. Nachdem Darius von seinem Vasallen Bessos ermordet worden war, bestrafte Alexander den Königsmörder nicht nur, sondern ließ Darius III. auch mit allen königlichen Ehren bestatten. Alexander steuerte die Versöhnung mit den persischen Aristokraten an und beauftragte immer mehr Perser mit Verwaltungsaufgaben, während er sich an die Eroberung des übrigen Reiches machte.

Wie wirkte sich die Eroberung auf die Kultur Persiens aus?
Im Laufe der Antike entwickelte sich das Perserreich zu einem Vielvölkerstaat von bis dahin nicht gekannten Ausmaßen. In ihren Hauptstädten Persepolis, Susa und Parsagadae sammelten die persischen Großkönige sagenhafte Reichtümer an.

Mit der Eroberung Persiens durch Alexander den Großen und den ihm nachfolgenden seleukidischen Königen (312–64 v. Chr.) gewann griechischer Einfluss im künstlerischen Schaffen des Perserreiches zunehmend an Bedeutung, dem sich die Herrscherdynastie der Arsakiden (247 v. Chr.–224 n. Chr.) nicht verschließen konnte. Mit dem Herrschaftsantritt der Sassaniden (224–642 n. Chr.) erfolgte dann jedoch eine bewusste Rückbesinnung auf die große kulturelle Tradition aus der Zeit vor der griechischen Eroberung.

Der Hellenismus

Als Hellenismus bezeichnet man die Zeitspanne, die zwischen der Eroberung des Perserreiches durch Alexander den Großen und dem Beginn der römischen Vorherrschaft liegt. Die griechische Kultur erlangte hier ihre größte Blüte.

Was hat Alexander der Große für den Hellenismus getan?

Nach seinem Tod im Jahr 323 v. Chr. ließ Alexander der Große das größte Reich zurück, das die Welt je gesehen hatte. Es verband Ägypten und den Orient – bis nach Indien – mit der Zivilisation Griechenlands. Der *Hellenismus* war geboren. Alexanders Eroberungen markieren den Beginn einer neuen Epoche in der Geschichte der Menschheit. Es entstand eine Zivilisation, die von der griechischen Kultur und Sprache beherrscht wurde

Was ist der kulturelle Kern des Hellenismus?

Während mit der *hellenischen Kultur* die Lebensart des klassischen Griechenland der Antike gemeint ist, bezeichnet der *Hellenismus* die Verschmelzung der klassischen griechischen Kultur mit lokalen Elementen. Der Hellenismus war nicht nur bis ins fernste Asien gekommen, sondern war im gesamten Mittelmeerraum bekannt. Die bedeutendste der vielen neu entstandenen Städte war sicherlich Alexandria in Ägypten. Unter den Ptolemäern, die mit ihrem Reichtum Dichter, Gelehrte, Künstler und Wissenschaftler in diese Stadt holten, wurde Alexandria mit seiner berühmten Bibliothek ein bedeutendes wirtschaftliches, kulturelles und religiöses Zentrum. In Kleinasien und Syrien vermischte sich der Hellenismus mit den dortigen religiösen Systemen. Vielerorts fand eine Vermengung von griechischer Logik und lokaler Theologie statt. In Wissenschaften wie Medizin, Astronomie und Mathematik erzielte man zu dieser Zeit enorme Fortschritte. Hinzu kamen die großen philosophischen Schulen. Die literarischen und wissenschaftlichen Werke, die in jenen Jahren entstanden, wurden im christlichen Westen verboten und mit der Zeit vergessen. Durch die Vermittlung islamischer Gelehrter wurde dieses enormes Wissen wieder entdeckt.

Wirkte sich der Hellenismus auch auf die Wirtschaft aus?
Während des Hellenismus etablierte sich ein regelrechtes Welthandelssystem, in dem das Seleukidenreich über die Seidenstraße wirtschaftliche Kontakte bis nach Zentralasien und China aufbauen konnte. Kontakte mit Indien und Arabien waren aber ebenso gegeben und das Ptolemäerreich verband den ganzen Mittelmeerraum von Spanien bis zur Levante unter Einbindung Nord- und Schwarzafrikas zu einem einheitlichen hellenistischen Wirtschaftsgebiet.

Wie kam es zum Niedergang der Hellenistischen Reiche?
Die makedonischen Heerführer traten bald nach Alexanders Tod als selbstständige Nachfolger, so genannte *Diadochen*, auf. Sie verzichteten auf jegliche Verschmelzungspolitik und das Ziel des geeinten Weltreichs. Die entstandenen Königreiche – Makedonien unter den *Antigoniden*, Vorderasien unter den *Seleukiden* und Ägypten unter den *Ptolemäern* – unterlagen schließlich eines nach dem anderen dem Ansturm Roms. Kunst und Kultur des Hellenismus wurden aber von den Römern adaptiert und im *Byzantinischen Reich* bis an die Schwelle der Neuzeit bewahrt.

Die griechische und römische Religion

Seit dem 5. Jh. v. Chr. geriet die römische Religion unter den Einfluss der griechischen Mythologie, weshalb es zu einer Verschmelzung der römischen und griechischen Gottheiten kam.

Warum übernahmen die Römer griechische Götter?

Die ursprüngliche römische Religion kannte – anders als die griechische – kaum in Menschengestalt auftretende Gottheiten. Bei Gebeten, Weissagungen, Opfern und Festen standen die Fruchtbarkeit von Land und Vieh im Mittelpunkt. Eine Voraussetzung für die Errichtung ihres Weltreiches war die Toleranz der Römer anderen Sitten und Kulturen gegenüber. Auf ihren Eroberungszügen lernten die Römer viele fremde Gottheiten und Kulte kennen, die sie faszinierten und die schnell und bereitwillig in Rom übernommen wurden. Nur mit dem Gott der Christen und Juden, der keine anderen Götter neben sich duldete, konnten sich die Römer nicht anfreunden: Die gleiche Offenheit fremden Religionen gegenüber erwarteten sie auch von den anderen Völkern.

Woher kommt die griechische Religion?

Die Kultur der Griechen entstand schon um 2000 v. Chr. und umfasste eine große Anzahl von Göttern, um die sich viele

Zeus bei einem olympischen Gelage

Legenden rankten. Die Entwicklung dieser komplexen Religion war bis etwa 700 v. Chr. abgeschlossen und die darin enthaltenen griechischen Götter ähnelten den Menschen nicht nur in ihrer Gestalt, sondern auch in ihrem Charakter. Es gab Eifersucht, Ränkespiele und viele Seitensprünge unter den griechischen Göttern, die sich auch oft mit den Menschen abgaben. Im Gegensatz zu vielen anderen alten Religionen wie dem Hinduismus oder dem Judentum enthielt die griechische Mythologie keine Offenbarungen oder spirituellen Lehren. Die griechische Götterwelt ließ sich individuell von den Menschen verehren, besänftigen, anrufen und beschenken.

Kleine Übersicht über die Götterwelt

griechischer/römischer Name	Funktionsbereich
Zeus/Jupiter	Oberhaupt der Götter
Hera/Juno	Ehe, Eheschließung
Pallas Athene/Minerva	Handwerk, Wissenschaft, Kunst; Athens/Roms Stadtgöttin
Apollon/Apollo	Musik, Dichtkunst, Anführer der Musen
Artemis/Diana	Tiere, Fruchtbarkeitsgöttin, Jagdgöttin
Hephaistos/Vulcanus	Feuer, Schmiedekunst
Aphrodite/Venus	Liebe, Schönheit
Ares/Mars	Kriegsgott
Hermes/Mercur	Diener des Zeus, Götterbote
Helios/Sol	Sonnengott
Poseidon/Neptunus	Herr der Meere
Hades/Pluto	Herr der Unterwelt

Die Römische Republik

Die Zeit zwischen der Vertreibung des letzten römischen Königs Lucius Tarquinius Superbus 510 v. Chr. bis zur Errichtung des Prinzipats durch Augustus im Jahr 27 v. Chr. war von der Herrschaft der Senatsaristokratie geprägt.

Was geschah nach dem Sturz des letzten Königs?

Nachdem am Ende des 5. Jh. v. Chr. der letzte König Roms gestürzt worden war, folgte eine aristokratisch-patrizische Republik. Alle Aufgaben des Königs wurden in religiöse und politische Bereiche aufgegliedert und an seine Stelle trat nun das Amt des *Praetors* bzw. des *Konsuls*, der den römischen Adelsgeschlechtern der *Patrizier* entstammen musste und für ein Jahr gewählt wurde. Eine Wiederwahl war erst möglich, wenn mindestens ein Jahr verstrichen war, in dem man kein Amt bekleidet hatte.

Herrschten die Patrizier über die gesamte Bevölkerung?

Das Römische Reich wuchs beständig und bald mussten auch die rechtlosen Leute, die *Plebejer*, Kriegsdienst leisten. Da während dieser Zeit aber niemand ihre Geschäfte weiterführte oder ihre Felder pflegte, machte sich schon bald Unzufriedenheit unter den Plebejern breit. Die Folge waren die so genannten *Ständekämpfe*, die zwischen 500 und 300 v. Chr. stattfanden. Die Plebejer brachten ihren Unmut in drei Forderungen zum Ausdruck: Sie wollten einen akzeptablen Schutz vor willkürlich erscheinenden Amtshandlungen des Senats, zivil- und strafrechtliche Gleichstellung mit den Patriziern sowie die Möglichkeit, an der Staatsführung aktiv teilzunehmen.

Was resultierte aus diesen Ständekämpfen?

Die Plebejer gründeten eine eigene Volksversammlung. Mithilfe eines Vetorechtes ihrer gewählten Mitglieder in Rechtsfragen konnten sie ihre erste Forderung als erfüllt betrachten. Im Jahr 287 v. Chr. wurden die Ständekämpfe zwischen den Plebejern und den Patriziern endgültig beigelegt, denn mithilfe eines Kompromisses kam es tatsächlich zu einer patrizisch-plebejisch geführten Republik mit zwei Praetoren bzw. Konsuln aus den beiden römischen Gesellschaftsschichten. Die Plebejer hatten ihre drei Forderungen durchgesetzt. Da der Senat und seine Magistrate nicht jedes Jahr aufs Neue wechseln mussten, übte er allerdings die eigentliche Macht aus – auch gegenüber den jährlich neu zu wählenden Konsuln. Ein neuer Amtsadel war entstanden: die Nobilität aus Adel und reichen Plebejern.

Was geschah nach dem Ende der Ständekämpfe?

In den Jahren 264–133 v. Chr. dehnte sich das Römische Reich kontinuierlich aus. Die Römer führten zahlreiche Kriege in verschiedenen Teilen Europas und Afrikas. In dieser Zeit trat das alte Problem der Plebejer wieder vermehrt auf: Zum Kriegsdienst gezwungen konnten die Bauern nichts erwirtschaften und verarmten. Die Folge war eine wachsende Unterschicht mit ebenso wachsendem Unmut über die innerpolitische Lage. Als ab 133 v. Chr. die beiden Brüder Tiberius und Gaius Gracchus erste Reformversuche starteten und in deren Folge ermordet wurden, war die Zeit der Bürgerkriege angebrochen. Rund 100 Jahre später war bereits das Ende der Römischen Republik erreicht.

Römische Kolonisation

Die vermehrten Gründungen von römischen Siedlungen in ganz Europa mit dem Ziel, eroberte Gebiete des Römischen Reiches zu sichern und zu kontrollieren, werden als Zeit der Römischen Kolonisation bezeichnet.

Warum errichteten die Römer Kolonien?

Seit dem 5. Jh. v. Chr. hatte Rom begonnen zu expandieren, und 264 v. Chr. begann mit der Annexion Siziliens die römisch-imperialistische Phase. Nach und nach wuchs das Römische Reich, und da die neuen Provinzen geschützt und kontrolliert werden mussten, errichteten die Römer in den eroberten Gebieten Kolonien. Diese sollten die Gebiete sichern, da das Militär zumeist schon wieder an anderen Kriegsschauplätzen gebraucht wurde. Die Kolonien waren also von großer Bedeutung für die Politik Roms, und ihre Bürger wurden dementsprechend bevorzugt behandelt. Die einzelnen Kolonien wurden durch breit angelegte Straßen miteinander verbunden.

Wie ging man bei der Errichtung der Kolonien vor?

Die Römer gaben sich nicht damit zufrieden, ihre Bürger einfach in die besetzten Gebiete zu schicken. Sie gründeten vielmehr für jede Kolonie eine neue Stadt. Dieser Vorgang lief jedes Mal nach streng festgelegten militärischen Mustern ab. Nachdem der genaue Ort für die neue Kolonie bestimmt und exakt vermessen worden war, wurden die Gebäude errichtet. Auch dafür hatten die Römer eine genau vorgegebene Reihenfolge, die sich stark am Aufbau von militärischen Lagern orientierte: Als erstes mussten die Befestigungen und Barrikaden gebaut werden, damit der Rest des Aufbaus ungefährdet vonstatten gehen konnte. Nachdem die öffentlichen Gebäude errichtet worden waren, konnte schließlich mit dem Bau der Privathäuser begonnen und die Errichtung der Kolonie zum Abschluss gebracht werden.

Wie organisierte man das wachsende Reich?
Die ursprünglichen Bewohner der kolonisierten Gebiete wurden meist in den neu gegründeten Städten untergebracht, und es kam zu einer friedlichen Koexistenz zwischen ihnen und den römischen Bürgern. Die römischen Kolonien erstreckten sich über das gesamte Reich. Während seiner größten Ausdehnung unter Kaiser Trajan reichte es von Spanien im Westen bis nach Armenien im Osten und von Schottland im Norden bis nach Ägypten im Süden. Im 1. Jh. v. Chr. war dann allerdings die staatliche Struktur mit der Verwaltung eines so gigantischen Reiches überfordert. Es kam zum Bürgerkrieg. In seiner Folge wurde das Reich neu organisiert, die Kaiserzeit begann.

Julius Caesar
Gaius Julius Caesar (100–44 v. Chr.) war ein bedeutender Feldherr und Staatsmann des Römischen Reiches. In den *Gallischen Kriegen* unterwarf er das gesamte heutige Frankreich, was er später in Buchform niederschrieb (*De bello gallico*). 48 v. Chr. erlangte er diktatorische Vollmachten. Seine unumschränkte Macht führte jedoch zu einer Verschwörung unter Brutus und Cassius, der Caesar an den Iden des März 44 v. Chr. (15. März) zum Opfer fiel.

Die Punischen Kriege

Die drei Kriege zwischen dem Römischen Reich und den Karthagern – die von den Römern Punier genannt wurden – um die Vorherrschaft im westlichen Mittelmeerraum nennt man Punische Kriege (264–146 v. Chr.).

Wie kam es zum Krieg zwischen Rom und Karthago?
Im 3. Jh. v. Chr. waren Rom und Karthago die beiden bedeutendsten Staaten im Mittelmeerraum. Die Karthager besaßen eine mächtige Seeflotte, was sie u. a. zu erfolgreichen Kaufleuten machte. Rom und Karthago hatten durch eine Reihe von Verträgen fast 200 Jahre lang eine recht friedliche Koexistenz geführt, ehe die sizilianische Stadt Messina von Syrakus angegriffen wurde. Messina rief sowohl Karthago als auch Rom zu Hilfe, doch während die Karthager umgehend Hilfe leisteten, marschierten die Römer erst nach Abzug der syrakusischen Truppen in Sizilien ein. Dies empfand Karthago als Provokation: Der *1. Punische Krieg* begann. Die *Seeschlacht bei den Ägatischen Inseln* im Jahr 241 v. Chr. entschied den Krieg für Rom.

Warum kam es zum 2. Punischen Krieg?
Nachdem der 1. Punische Krieg 23 Jahre gedauert hatte, herrschte für ebenfalls annähernd 23 Jahre Frieden zwischen Rom und Karthago. Karthago hatte nach seiner Niederlage eine Reihe von Inseln (Sizilien, Korsika und Sardinien) an Rom abtreten müssen und eroberte zum Ausgleich in der Folgezeit weite Teile Spaniens. Die Römer versuchten durch vertragliche Bündnisse den Expansionsdrang Karthagos in diesen Gebieten zu ver-

Hannibal

hindern, was zunächst auch funktionierte. Als jedoch Hannibal nach der Ermordung seines Vaters Hamilkar Barkas das Oberkommando über die karthagischen Truppen in Spanien übernahm, griff er einige Bündnispartner Roms an. Im Verlauf des 2. *Punischen Krieges* überquerte Hannibal mit einem Heer und Kriegselefanten die Alpen. 216 v. Chr. schlug er die Römer in der *Schlacht von Cannae* und zog später direkt gegen die Stadt Rom („Hannibal ante portas"). Doch der Italienfeldzug brachte ihm keinen endgültigen Erfolg. Im Jahr 202 v. Chr. wurde er in der *Schlacht bei Zama* von Scipio dem Älteren besiegt.

Warum noch ein dritter Krieg?

Nachdem Rom im 2. Punischen Krieg an den Rand einer Niederlage gedrängt worden war, letztendlich allerdings triumphierte, waren die warnenden Stimmen im Römischen Reich nicht mehr zu überhören, die vor einem erneuten Wiederaufstieg Karthagos warnten. Innenpolitisch dazu angetrieben nahm Rom im Jahre 149 v. Chr. eine rein formelle Verletzung des Vertrages mit Karthago zum erneuten Kriegsanlass. In diesem letzten und kürzesten aller Punischen Kriege wurde bereits drei Jahre später Karthago von Publius Cornelius Scipio Africanus Numantinus – Scipio dem Jüngeren – erobert und endgültig zerstört.

Römischer Bürgerkrieg

Mit diesem Bürgerkrieg sind die kriegerischen Auseinandersetzungen um die Neugestaltung des Römischen Reiches in der Endphase der Römischen Republik gemeint. Sie enden mit der Etablierung des Prinzipats durch den späteren Kaiser Augustus.

Wie kam es zu den Auseinandersetzungen?
Eingeleitet wurden die Auseinandersetzungen durch die gescheiterten Reformvesuche der Brüder Tiberius und Gaius Gracchus. Tiberius wurde 133 v. Chr., Gaius 121 v. Chr. ermordet. Ihr Ziel, das verarmte Proletariat wirtschaftlich abzusichern, stieß auf den Widerstand des Adels und des Senats. Durch diese gescheiterten Reformversuche wurde deutlich, dass sich die Nobilität gespalten hatte in die konservativen *Optimaten*, die auch als Senatspartei bezeichnet wurden, und die Volkspartei der *Popularen*, die die Forderungen des Volkes aufgriff und mithilfe der Volkstribunen und der Volksversammlung durchsetzen wollte.

Wer gewann diesen Konflikt?
Nachdem der popularische Konsul Gaius Marius nach Erfolgen gegen die Germanen fünf Mal hintereinander von 104–100 v. Chr. zum Konsul gewählt worden war, stärkte er die Position der Popularen, die jetzt ihren Forderungen teilweise auch in Straßenkämpfen Nachdruck verliehen. Doch als König Mithridates von Pontos die römische Provinz Asia besetzte, beauftragte der Senat den Optimaten Sulla mit dem Krieg gegen den Eindringling, obwohl die Popularen Marius losschickten. Sulla ignorierte diese Entscheidung und besetzte Rom mit seinem Heer, woraufhin

Marius floh und Sulla gegen Mithridates in den Krieg zog. Als Sulla 83 v. Chr. siegreich nach Rom zurückkehrte, brach ein Bürgerkrieg zwischen ihm und dem zurückgekehrten Marius aus, den Sulla im Jahr 82 v. Chr. gewann. Sulla wurde zum Dikator ernannt und stellte die Senatsherrschaft wieder her.

Wie kam es zum 1. Triumvirat?

Nachdem der *Spartacus-Aufstand* (großer Sklavenaufstand) im Jahr 71 v. Chr. von Licinius Crassus und Gnaeus Pompeius niedergeschlagen wurde, gewannen diese beiden ein Jahr später das Konsulat und machten viele der Maßnahmen Sullas rückgängig. Als der Senat die von Pompeius getroffenen Umstrukturierungen in den Provinzen im Jahr 63 v. Chr. kippen wollte, schloss sich Pompeius mit Crassus und Gaius Julius Caesar 60 v. Chr. zum *1. Triumvirat* zusammen. 54 v. Chr. zerbrach schließlich das Triumvirat, und ein Jahr später starb Crassus in Asien, woraufhin sich Pompeius gegen Caesar stellte. Aus dem darauf folgenden Bürgerkrieg, der von 49 bis 45 v. Chr. dauerte, ging Caesar als Sieger hervor und errichtete eine Alleinherrschaft. Als Caesar allerdings zu mächtig wurde, wurde er am 15. März 44 v. Chr. von Brutus, Cassius und anderen Senatoren gemeinsam ermordet.

Was geschah nach Caesars Ermordung?

In den nun folgenden Bürgerkriegen verbündeten sich zunächst Caesars Adoptivsohn Octavian, Marcus Antonius und Lepidus 43 v. Chr. zu einem *2. Triumvirat* und schlugen die republikanischen Heere der Caesarmörder. Aber auch dieses Triumvirat zerfiel. Octavian wurde alleiniger Herrscher und erhielt 27 v. Chr. den Titel *Augustus*.

Kaiser Augustus

Nachdem Julius Caesar ermordet wurde, weil seine Herrschaft derjenigen eines Königs zu sehr ähnelte, brachte es sein Neffe Octavian fertig, als erster Kaiser das Römische Reich von 27 v. Chr. bis ins Jahr 14 n. Chr. zu regieren.

Wie reagierte Octavian auf den Mord an seinem Großonkel?
Octavian war ein Großneffe Caesars, der ihn adoptiert und als seinen Erben eingesetzt hatte. Nach dem Tod seines Adoptivvaters und Onkels trat er mit Marcus Antonius und Marcus Aemilius Lepidus das 2. *Triumvirat* an und tötete die Mörder Caesars sowie deren Gefolgsleute. Nachdem über 300 Senatoren den Tod gefunden hatten, wurde das Römische Reich im Jahre 40 v. Chr. zwischen den drei Bundesgenossen aufgeteilt. Wie schon beim 1. Triumvirat handelte es sich auch bei diesem um ein reines Zweckbündnis. Es zerbrach, und in der Folge kam es zu einem erneuten Bürgerkrieg, in dem Lepidus nur eine geringe Rolle spielte und schon bald zur Machtaufgabe gezwungen wurde.

Augustus

Dank der Unterstützung des Senats konnte Octavian in der *Seeschlacht von Actium* im Jahr 31 v. Chr. die Truppen von Antonius und seiner Ehefrau Kleopatra schlagen. Beide begingen daraufhin Selbstmord, während Octavian zwei Jahre später als Alleinherrscher nach Rom zurückkehrte.

Was lernte Octavian aus dem Ende Caesars?

Nachdem im Verlauf vieler Bürgerkriege und Unruhen die Macht im Staat immer mehr auf die Person Julius Caesars gebündelt wurde, geriet dieser in den Verdacht, die Königswürde und das Ende der Republik anzustreben. Daraufhin wurde er von den Senatoren ermordet. Seinem Adoptivsohn Octavian war dies eine Warnung, und so gab er offiziell alle Befugnisse, die er in den letzten Jahren vom Senat erhalten hatte, freiwillig wieder zurück. Die vermeintliche Rückgabe der Macht stärkte den Adoptivsohn Caesars. Er erhielt im Gegenzug den Oberbefehl über die Heere in den noch nicht befriedeten Provinzen und wurde noch im gleichen Jahr zum Konsul in der wiederhergestellten Republik gewählt. Während aber das Amt des Konsuls bislang auf ein Jahr beschränkt war, wurde diese Regelung für den neuen Inhaber außer Kraft gesetzt.

Octavian, der den Beinamen *Augustus* (= *der Erhabene*) erhielt, wurde bis 23 v. Chr. jedes Jahr erneut zum Konsul gewählt. Zudem galt für ihn auch das Verbot der Ämterhäufung nicht mehr: Hinter der Maske der republikanischen Verfassung erhielt Augustus zunehmend mehr Macht als er zuvor innehatte. Augustus achtete stets darauf, seine Macht durch die republikanische Verfassung und den Senat legitimiert zu wissen. Nachdem er acht Jahre das Amt des Konsuls innegehabt hatte, verzichtete er auf den Titel und erhielt daraufhin vom Senat weitere Vollmachten. Diese Form der Regierung trug den inoffiziellen Namen *Prinzipat*. Der Senat musste nicht um seine politische Stellung bangen. Augustus erwies sich als guter Anführer, unter dem Rom einer neuen Blütezeit entgegenstrebte.

Römisches Kaiserreich

In den Jahren 27 v. Chr. bis 476 n. Chr. stand das Römische Reich unter kaiserlicher Herrschaft, nachdem es lange Zeit als Republik existiert hatte.

Wie begann die Kaiserzeit?
Bis ins Jahr 23 v. Chr. regierte Augustus mit der republikanischen Verfassung als *princeps* oder so genannter *Erster Bürger des Staates*. Dann ließ er jede Gewalt auf sich übertragen, ernannte ihm ergebene Provinzverwalter und entmachtete so den Senat, der nur noch formal über Rom herrschte. In der so genannten *julisch-claudischen Dynastie* folgten Augustus Nachfahren auf den Thron. Mit Kaiser Nero, dem eine tragende Rolle bei dem großen Brand Roms zugewiesen wird – den er jedoch den Christen anlastete – endete die julisch-claudische Dynastie.

Was geschah nach dem Ende der ersten Dynastie?
Im Jahr 69 saßen vier verschiedene Kaiser auf dem Thron. Nach Monaten der Unruhen begann mit der *flavischen Dynastie* durch den neuen Kaiser Vespasian wieder eine stabile Machtära. Vespasian und die ihm nachfolgenden Kaiser versuchten den Senat wieder zu etablieren. Nach dem Ende der *flavischen Dynastie* führte der Senat im Jahre 96 das *Adoptionsprinzip* ein. Es folgte die Zeit der so genannten *fünf guten Kaiser*. Der letzte von ihnen war Marcus Aurelius, der seinen Sohn Lucius Aelius Aurelius Commodus zum Nachfolger bestimmte. Mit ihm brach in Rom für 23 Jahre eine erneute Ära der Grausamkeit an, ehe auch dieser Tyrann 192 beseitigt werden konnte.

Wann begann der Niedergang des Römischen Kaiserreichs?

In den folgenden 85 Jahren herrschten insgesamt 18 Kaiser, und die meisten von ihnen kamen gewaltsam ums Leben. Mit Diocletian kam es 284 zu einer Reihe von sozialen, wirtschaftlichen und politischen Reformen. Um eine einheitlichere Verwaltung im ganzen Reich aufzubauen, schuf er die Herrschafts- und Thronfolgeordnung der *Tetrarchie*, der so genannten *Vierkaiserherrschaft*. Konstantin der Große jedoch setzte seine Mitkaiser im Jahr 306 wieder ab, und nach seinem Sieg über den oströmischen Kaiser Licinius 324 gab es mit Konstantin erneut einen Alleinherrscher. Nach seinem Tod 337 brachen erneute Unruhen aus, ab 395 gab es wieder ein West- und ein Ostreich. Das *Weströmische Reich* verlor immer mehr an Einfluss. 476 wurde mit Romulus Augustulus der letzte weströmische Kaiser abgesetzt. Das *Oströmische Reich* bestand bis 1453.

Zeittafel

27 v.–68 n. Chr.	julisch-claudische Dynastie
69 n. Chr.	Bürgerkrieg
69–96	flavische Dynastie
96–192	Adoptivkaiser, antoninische Dynastie
193–235	severische Dynastie
235–284	Soldatenkaiser
284–311	Tetrarchie (Vierkaiserherrschaft)
306–364	konstantinische Dynastie
364–392	valentinianische Dynastie
379–455	theodosianische Dynastie
455–476	die letzten Kaiser des Weströmischen Reiches

Anfänge und Ausbreitung des Christentums

Der Weg der Christenheit von einer jüdischen Sekte in Palästina zur Staatsreligion des Römischen Imperiums unter Kaiser Theodosius 381 n. Chr. führte über zahlreiche Opfer und schwere Prüfungen.

Wie entstand das Christentum?

Jesus, ein jüdischer Wanderprediger aus Galiläa, verkündete eine Lehre, die Reformen im Judentum anmahnte. Nach seiner Hinrichtung durch die römische Besatzungsmacht in Palästina um das Jahr 33 verbreiteten seine Anhänger (*Jünger*) diese Lehre weiter und predigten von Jesus Christus als dem von Gott Auferweckten. Schnell fanden nicht nur Juden zum neuen Glauben, sondern auch Menschen aus dem hellenistischen Kulturkreis (*Heidenchristen*). Sie pflegten eine enge, familiäre Gemeinschaft, halfen den Not leidenden Gemeindemitgliedern und zeigten einen strengen Lebenswandel. Neu war im frühen Christentum, dass Männer und Frauen, Freie und Sklaven die gleichen Rechte und Pflichten in der Gemeinde hatten.

Gab es immer Einigkeit unter den Christen?

Schon bald entstanden im frühen Christentum unterschiedliche Strömungen. Im 2. Jh. wurden auch fremde religiöse und mystische Einflüsse aufgenommen. Die Urkirche reagierte darauf mit der Festlegung bestimmter Riten und Glaubenssätze (*Dogmen*). So wurde eine verbindliche Form für die Taufe bestimmt und der Kanon der heiligen Schriften ausgewählt (um 180). Insbesondere die Frage nach der Göttlichkeit Jesu wurde immer wieder intensiv diskutiert, besonders spektakulär im so genannten *Arianischen Streit* (318– 381). Auf dem *Konzil von Nicäa* (325) verabschiedeten die Bischöfe das Glaubensbekenntnis, das auch in heutigen christlichen Gemeinden noch gesprochen wird. Innerhalb der ersten drei Jahrhunderte entstanden überall im Römischen Reich christliche Gemeinden. Allerdings kam es zunächst nicht zu einer flächendeckenden Christianisierung, sondern die christlichen Gemeinden konzentrierten sich auf die Städte entlang der Handelswege.

Wie konnte das verfolgte Christentum Staatsreligion werden?
In den ersten Jahrhunderten kam es wiederholt zu Verfolgungen der Christen durch die römische Staatsmacht. Meist waren die Christen willkommene Opfer für politische Intrigen, wie bei den ersten Verfolgungen unter Kaiser Nero im Jahr 64. Später ließen sich die römischen Kaiser als Götter verehren. Die Christen, die solch eine Verehrung nicht mit ihrem Glauben an den einen Gott in Einklang bringen konnten, wurden gefoltert und hingerichtet. Doch die Geschichten von den Gemeindemitgliedern, die für ihren Glauben gestorben waren (*Märtyrer*), führten dennoch zu neuen Anhängern. Besonders bedeutsam waren die Verfolgungen unter den Kaisern Decius (249–251) und Diocletian (284–305). Der römische Kaiser Konstantin legte im *Toleranzedikt von Mailand* (313) völlige Religionsfreiheit fest; dies galt ausdrücklich auch für die Christen. Dank ihrer Unterstützung konnte Konstantin seine Macht im römischen Imperium weithin ausbauen. Im Gegenzug führte er den Sonntag als allgemeinen Ruhetag ein. Sein Nachfolger Theodosius erklärte schließlich 381 das Christentum zur Staatsreligion.

Der Zerfall des Römischen Reiches

Nach rund 400 Jahren Kaiserzeit war das Römische Weltreich innenpolitisch zerstritten. Von Kaiser Theodosius I. wurde das noch einmal geeinte Reich erneut geteilt – diesmal für immer.

Wie kam das Weströmische Reich zu Fall?

Kaiser Theodosius I. hatte zwei Söhne und gab jedem von ihnen eine Hälfte seines Herrschaftsgebietes. Das Oströmische Reich bestand noch bis 1453. Das Weströmische Reich war schon nach gut 50 Jahren dem Untergang geweiht. Die großen Wanderbewegungen der Westgoten, Alanen, Sueben und Vandalen durch die römische Welt zerstörten die morsche Einheit des Westens. Seit dem ersten Auftauchen der Westgoten an der Donau im Jahr 375 zerfiel das Westreich nach und nach. Afrika ging an die Vandalen verloren, die Sueben hatten Teile Spaniens besetzt, die Westgoten hatten sich in Südgallien niedergelassen, Britannien war von Sachsen überschwemmt worden und in Germanien sowie im Norden und Osten Galliens waren verstreute Siedlungen von Franken, Alemannen und Burgundern. Nach der Absetzung des Kaisers Romulus Augustulus im Jahr 476 nahm sich der Germane Odoaker der Reste des Westreichs an.

Brach damit auch die christliche Kirche auseinander?

Nicht nur die Reiche waren geteilt, auch die Kirche hatte ihre Einheit eingebüßt. Der politische Gegensatz zwischen Konstantinopel, der Hauptstadt des Oströmischen Reiches, und Rom, der Hauptstadt des Weströmischen Reiches, fand im kirchlich-konfessionellen Bereich seine Entsprechung. Römisches Papsttum und oströmisches Patriarchentum konnten einander weder verstehen noch tolerieren. Dieser innere Zwiespalt erlaubte es später dem oströmischen Kaiser Justinian I. (527– 565), eine absolute Herrschaft des Kaisers über die Kirche zu errichten. Im Westen dagegen löste sich das Christentum mehr und mehr vom Schicksal des Römischen Reiches ab. Als Alarich 410 Rom eroberte, schrieb der Bischof Augustinus (354–430) in seinem Werk vom Gottesstaat (*De civitate Dei*): „Was macht es uns aus, unter welcher Herrschaft der Mensch lebt, der doch sterben muss, wenn ihn nur die Machthaber nicht zu Gottlosigkeit und Unrecht nötigen."

Gotisches Goldkreuz

Wie überlebte die Westkirche?

Das Römische Reich ging unter, aber die Erinnerung an seine Bürokratie überlebte in der Kirche. Unter Papst Gregor dem Großen (590–604) begann die Westkirche den Grundstein für die Entstehung des Kirchenstaates zu legen – einer weltlichen Machtbasis des Papsttums auf italienischem Boden. So wurden der Westkirche Wege offen gehalten und Mittel bereitgestellt, um in eine neue abendländische Epoche der Weltgeschichte einzugreifen. Das *Schisma* (die Trennung zwischen Ost- und Westkirche) sollte noch viele hundert Jahre anhalten.

Byzanz

Byzanz, später Konstantinopel genannt, ist das heutige Istanbul und wurde um 660 v. Chr. gegründet. Von 395 bis zur Eroberung durch die Türken 1453 war Byzanz die Hauptstadt des Oströmischen bzw. des nach ihm benannten Byzantinischen Reiches.

Gab es Byzanz schon vor Konstantin?

Byzanz wurde in der Antike um 660 v. Chr. als eine griechische Kolonie namens *Byzantion* am Bosporus gegründet. Eine wirtschaftlich und strategisch günstige geografische Lage bescherte der Stadt, an deren Stelle das heutige Istanbul liegt, rasch einen gut besuchten Hafen, und sie entwickelte sich in den folgenden Jahren sehr schnell zu einem bedeutenden Handelsplatz für diese Region. Allein der Getreidehandel vom Schwarzen Meer nach Griechenland verhalf Byzanz zu enormem Wohlstand und einer bedeutenden wirtschaftlichen und angesehenen Stellung in der damaligen Staatenwelt.

Wer herrschte im Laufe der Jahrhunderte über Byzanz?

In den 500 Jahren vor Christi Geburt wurde Byzanz von den Persern zerstört, von den Spartanern wiederaufgebaut, von den Athenern erobert und von den Spartanern wieder zurückerobert. Die Athener ließen allerdings nicht locker. Sie schlossen mit den Inseln Chios, Rhodos und Kos ein Bündnis und eroberten Byzanz erneut. Alexander der Große nahm Byzanz wenige Jahre später ebenfalls in Besitz, doch die makedonischen Herrscher nach ihm verloren es wieder, woraufhin die Stadt unter keltische Vorherrschaft fiel.

Wie kam die Verbindung Byzanz – Rom zu Stande?

Byzanz wurde etwa 200 Jahre v. Chr. zum Bundesgenossen Roms und unterstützte das Reich daraufhin im Krieg gegen den syrischen König Antiochos III. Nachdem Byzanz auch noch während der *Mithridatischen Kriege* (88–64 v. Chr.) Rom aktiv unterstützte, erkannte das Reich die Stadt am Bosporus für gut 100 Jahre als freien Verbündeten an. Von 41–54 fiel Byzanz doch noch unter die Herrschaft Roms und war gezwungen, an den römischen Kaiser Claudius I. Tribut zu entrichten. Im später folgenden Bürgerkrieg rächte sich der Kaiser Lucius Septimius Severus, gegen den sich Byzanz in dem Konflikt gewandt hatte, und zerstörte die Stadt. Der Sohn des Kaisers, Caracalla, ließ Byzanz jedoch wieder aufbauen.

Wie wurde Byzanz zu Konstantinopel?

Kaiser Konstantin der Große erhob die Stadt zur Reichshauptstadt zuerst des gesamten und dann des Oströmischen Reiches. Wegen seiner günstigen Lage ließ er es ab 324 zu einem „Neuen Rom" ausbauen, was für die katholische Kirche zu einer Kirchentrennung in Ost- und Westkirche führte. Weltlich orientierte sich Konstantin eng an dem Vorbild des alten Rom, besonders was die Verfassung und die Verwaltung anbelangte. Interessanterweise ist Byzanz sogar ebenso wie Rom auf sieben Hügeln erbaut worden. Schließlich wurde die neue Hauptstadt am 11. Mai 330 unter dem Namen *Constantinopolis* offiziell eingeweiht. Ab dem Jahre 395 war Konstantinopel dann die Hauptstadt des Oströmischen bzw. des Byzantinischen Reiches. Nachdem Konstantinopel 1453 an die Türken gefallen war, wurde die Stadt Hauptstadt des *Osmanischen Reiches*.

Die Völkerwanderung

Die Völkerwanderung, während der eine Reihe germanischer Stämme aufgrund des Hunneneinfalls ihren Lebensraum wechseln mussten, besiegelte das Ende der antiken Welt und legte den Grundstein für die christlichen Königreiche des Mittelalters.

Wie kam es zu der Völkerwanderung?
Schon in den ersten beiden Jahrhunderten n. Chr. hatten verschiedene germanische Volksstämme ihre Siedlungsgebiete in Skandinavien verlassen und waren in Mitteleuropa eingewandert. Zunächst hinderte das Römische Reich sie am weiteren Vordringen. Die *Hunnen*, ein wanderndes Reitervolk aus Mittelasien, das zuvor schon China bedroht und zeitweilig unterworfen hatte, stießen bei ihrem Zug nach Westen auf die an der Nordostflanke des Römischen Reiches siedelnden Germanenstämme. Wegen der militärischen Stärke der Hunnen verließen viele Germanenstämme ihre Siedlungsgebiete und drangen in das nunmehr schwache Römische Reich ein.

Wohin wanderten die germanischen Stämme?
Lediglich die *ostgermanischen Stämme* hatten ihre Heimat aufgegeben (die nordgermanischen Stämme verließen ihre Siedlungsgebiete in Skandinavien erst einige hundert Jahre später als Wikinger). Die ursprünglich zwischen Elbe und Rhein siedelnden *Angeln*, *Sachsen* und *Jüten* zogen größtenteils nach Britannien und verdrängten dort die keltische Bevölkerung. Die *Burgunder* bildeten nacheinander zwei Königreiche am Oberrhein und im

Rhônetal (Bourgogne). Der germanische Stamm der *Franken* vermischte sich in Gallien mit den dort ansässigen *Kelten*. Die *Vandalen* gründeten nach einem Zwischenstopp in Südspanien ein Reich in Nordafrika. Die *Westgoten* bekamen südlich der Donau neue Siedlungsgebiete vom römischen Kaiser zugewiesen. Der junge Gotenkönig Alarich führte die Westgoten nach Italien, wo er im Jahr 410 Rom plünderte. Sein Stamm zog jedoch weiter nach Südfrankreich und Spanien, wo ein selbstständiges Reich der Westgoten entstand. Mit Einverständnis des oströmischen Kaisers zogen die *Ostgoten* unter König Theoderich nach Italien, wo sich der germanische Truppenführer Odoaker zum König ernannt hatte. Theoderich schlug die Truppen Odoakers. Der Kaiser in Konstantinopel musste nun die faktische Unabhängigkeit Theoderichs anerkennen.

Womit endete die Völkerwanderung?

In der *Schlacht bei den Katalaunischen Feldern* wurde der Hunnenkönig Attila im Jahr 451 geschlagen und der Vormarsch der Hunnen gestoppt. Attila zog sich ins ungarische Kernland der Hunnen zurück und wurde bald darauf ermordet. Nach seinem Tod zerfiel sein riesiges Reich. Schlusspunkt der Völkerwanderung war der Einfall der Langobarden in Oberitalien (568). Am Ende der Völkerwanderungszeit hatten die germanischen Stämme in neuen Siedlungsgebieten christliche Königreiche gegründet oder waren in der Bevölkerung des Gastlandes aufgegangen. Vom römischen Imperium war nur das Oströmische Reich geblieben. Die meisten der neuen Staatsgebilde hatten nicht lange Bestand. England und das Frankenreich haben jedoch bis heute überdauert.

Entstehung und Ausbreitung des Islam

Mohammed (570–632 n. Chr.) gründete den Islam in dem Bewusstsein, dass Gott durch ihn als Propheten spricht und er in seinem Auftrag handelt. In weniger als 100 Jahren stieg der Islam zur dritten Weltreligion auf.

Wie entstand der Islam?

Mohammed verstand sich als Prophet, das heißt als Mensch, durch den Gott spricht und handelt. Er sprach im Namen *Allahs* (= allmächtiger Gott) und scharte Anhänger um seine neue Lehre. Nach kurzer Zeit musste er 622 vor Gegnern aus Mekka fliehen und ließ sich in Medina nieder, wo er die erste muslimische Gemeinde gründete. Mit diesem Jahr 622 beginnt die islamische Zeitrechnung. Im Jahr 630 eroberte er die Stadt Mekka zurück und machte die *Kaaba*, ein vorislamisches Heiligtum mit einem schwarzen Meteoriten, zur zentralen Kultstätte des Islam. Schnell breitete sich die neue Religion über die Arabische Halbinsel aus und vereinte die verschiedenen arabischen Volksstämme. Mekka wurde das religiöse Zentrum der neuen Religion. Seither verneigen sich alle Moslems beim Gebet in Richtung Mekka. Nach Mohammeds Tod (632) übernahmen die *Kalifen* (= Stellvertreter) die geistliche und politische Führung der Moslems. Ihre schnellen Reitertruppen waren den Söldnerheeren des oströmischen Kaisers überlegen. So unterwarfen sie in wenigen Jahrzehnten Ägypten, Nordafrika, Palästina und Persien – gemäß dem Auftrag Mohammeds, die neue Religion überall zu verbreiten. Die Hauptstadt des Oströmischen Kaiserreiches, Konstantinopel, widersetzte sich erfolgreich den muslimischen Eroberungsversuchen (674–678 und 717–718). Im Osten wurde der Vormarsch des Islam erst am Kaukasus gestoppt, im Westen nach der Eroberung Spaniens in Frankreich, nämlich mit der *Schlacht zwischen Tours und Poitiers* 732.

Wie sah der islamische Staat aus?

Staatliche und religiöse Ausdehnung erfolgten stets parallel. Die Bewohner der besetzten Länder wurden missioniert. Christen und Juden durften jedoch gegen die Entrichtung einer Kopfsteuer ihre Religion behalten. Auch nach der erfolgreichen Eroberung lebten die islamischen Kämpfer weiterhin mit ihren Familien in großen Militärlagern, um für künftige Feldzüge zur Verfügung zu stehen. In der Verwaltung übernahmen die muslimischen Herrscher das gut ausgebaute Beamtensystem des Oströmischen Kaiserreiches, die Rechtsprechung folgte jedoch den Grundsätzen des *Koran*, der religiösen Grundlage des Islam.

Wie prägte der Islam Spanien?

Anders als in den frühen Phasen der Ausbreitung des Islam in Palästina oder Nordafrika wurde die Bevölkerung in Spanien nur zu einem geringen Teil zum Islam bekehrt. Die meisten blieben Christen oder Juden. Das Zusammenleben der Religionen war durch weit reichende Toleranz gekennzeichnet. Im großen *arabischen Bürgerkrieg* (1008–1028) zerfiel das Kalifat von Córdoba in zahlreiche islamische Kleinstaaten. Diese Schwäche nutzten die christlichen Königreiche, um ihr Einflussgebiet von den Rändern der Iberischen Halbinsel her auszudehnen und Spanien von den *Mauren* (= islamische Araber) zurückzuerobern.

Das Frankenreich

Durch den Niedergang des Weströmischen Reiches und die Wanderung vieler Stämme in Richtung Süden war in Mitteleuropa ein Machtvakuum entstanden, welches die Franken füllten und das gleichnamige Reich erschufen.

Wie entstand das Frankenreich?

Zunächst herrschten die *Merowinger* im Frankenreich (481–751). Sie erhielten ihren Namen vom fränkischen Fürsten Merowech, der aber bereits um 450 gestorben war. Erst sein Enkel Chlodwig I. – der Sohn von Childerich I. – unterwarf in den folgenden Jahren nach und nach alle anderen fränkischen Kleinkönige und vergrößerte so das Frankenreich gewaltig, dessen Mittelpunkt Paris wurde. Nach Chlodwigs Tod im Jahr 511 musste es unter seinen vier Söhnen aufgeteilt werden. Einer der Brüder – Chlothar I. – vereinigte aber 558 das Reich wieder unter seiner Herrschaft. Nach Chlothar I. kamen sein Sohn Chlothar II. und dann dessen Sohn Dagobert I. an die Macht, der von 629–639 regierte. Nach der Regentschaft Dagoberts I. wurde das Fränkische Reich wieder mehrfach aufgeteilt. Da die einzelnen Könige sich in Machtkämpfen untereinander bekriegten, ging die Macht dieser Könige nach und nach auf den Adel – v. a. aber auf die so genannten *Haus-*

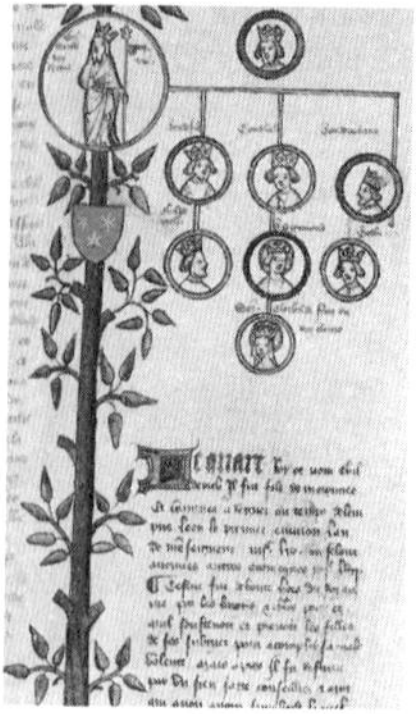

Genealogie: Merowinger

meier – über, die als Vorsteher des königlichen Haushaltes fungierten. Ab 639 waren die Hausmeier praktisch die herrschende Gesellschaftsschicht. Im Jahr 751 setzte der Hausmeier Pippin der Jüngere sogar den merowingischen König Childerich III. ab und bestieg an seiner Stelle den Königsthron. Die Herrschaft der Merowinger war damit beendet. Rückwirkend wurde Pippins Linie die der *Karolinger* genannt.

Wie konnte Pippin den letzten Merowinger einfach absetzen?
Als Pippin der Jüngere im Jahr 751 König Childerich III. absetzte, besaß er keinerlei erbschaftliche Rechte auf den Thron. Als Pippin an die Macht kam, hatte er lediglich eine breite Zustimmung der Massen sowie den Segen des Papstes. Von nun an bedurfte es nicht mehr eines erbschaftlichen Nachfolgebeweises für einen König, sondern des *Gottesgnadentums*, also einer sakralen Legitimation. Als Gegenleistung für die Unterstützung des Papstes zog Pippin in den Jahren 754 und 756 in dessen Auftrag über die Alpen und kämpfte erfolgreich gegen die Langobarden.

Wie lange bestand die Einheit des Reiches?
Die beiden Söhne Pippins, Karlmann und Karl, erhielten beide einen Teil des Reiches als Erbe. Karl der Große wurde nach dem Tod seines Bruders alleiniger Herrscher des Frankenreiches und vergrößerte es in der Folgezeit erheblich, bis es schließlich die Gebiete des heutigen Frankreich, Deutschland, Österreich, der Schweiz, der Niederlande und Norditalien in sich vereinte. Nach dem Tod Ludwigs I., der Karl als Kaiser beerbte, stritten seine drei Söhne um den Kaisertitel und teilten im Jahr 843 das Frankenreich im *Vertrag von Verdun* unter sich auf.

Karl der Große

Karl war von 768 bis 814 König der Franken, seit 800 Kaiser und damit der bedeutendste christliche Herrscher des Mittelalters. Er machte durch zahlreiche Eroberungsfeldzüge das Frankenreich zu einem europäischen Großreich und gilt als der Vater der so genannten Karolingischen Renaissance.

Wer war Karl der Große?

Karl, 747 geboren, übernahm nach dem Ableben seines Bruders Karlmann die unumschränkte Herrschaft. Ab 772 unterwarf er die noch heidnischen Sachsen in den 32 Jahre dauernden *Sachsenkriegen*. Massenhinrichtungen und Zwangsdeportationen brachen den Widerstand der sächsischen Unterschichten, die sich hartnäckig gegen die Christianisierung wehrten. Politik, Rechtsprechung und Kultur der eroberten Gebiete verschmolz Karl mit christlichen und germanischen Traditionen. Dadurch formte er die Grundlagen für ein „gemeinsames Europa".

Wie wurde Karl zum Kaiser?

Das Jahr 800 stellte den Höhepunkt der Macht Karls des Großen dar. Erneut bat ein Papst einen Karolinger um Hilfe, diesmal gegen eine Verschwörung des römischen Stadtadels. Karl half und wurde beim anschließenden Weihnachtsgottesdienst von Papst Leo III. zum Kaiser gekrönt. Der Kaisertitel symbolisierte die Machtverhältnisse, die Karl schon vorher etabliert hatte.
Das Verhältnis Karls zum byzantinischen Kaisertum war kompliziert, denn dieses sah sich als Nachfolger des römischen Kaiserreiches und machte auch den Anspruch auf das ehemalige

Westreich geltend. Erst 812 – zwei Jahre vor seinem Tod – erkannte Byzanz gegen Zugeständnisse das Kaisertum Karls des Großen an.

Was war die Karolingische Renaissance?

Karl versammelte die bedeutendsten Gelehrten seines Reiches an seinem Hof, um mit ihrer Hilfe Elemente der antiken Welt wiederzubeleben. Unter ihnen waren Philosophen, Historiker und andere Wissenschaftler. Mit der Einführung der so genannten *karolingischen Minuskel* vereinheitlichte er die germanische Schrift und schuf somit die bis ins 12. Jh. dominierende Schriftform. Des Weiteren stärkte er die Position der Kirchen, die zu der damaligen Zeit die alleinige Verantwortung für die Bildung hatten. Auch auf künstlerischer Ebene sorgte Karl für Reformen. In der Architektur orientierte er sich dabei insbesondere an byzantinischer und römischer Bauweise. Karl wollte nicht einfach nur die Antike kopieren, sondern versuchte verschiedenste Einflüsse zu einer neuen, eigenen Ausdrucksform zu verbinden. Demzufolge fanden sich in den Bau- und Kunstwerken jener Zeit Elemente zahlreicher Kulturen.

Was geschah nach dem Tod Karls des Großen?

Karl der Große starb im Jahr 814. Sein Sohn Ludwig der Fromme schaffte es noch, das Reich zusammenzuhalten. Er ließ es nach seinem Tod dann aber nach germanischem Erbrecht unter seinen Söhnen aufteilen. Da diese die Aufteilung nicht akzeptieren wollten, brach ein Bürgerkrieg aus (840–843). Äußere Invasoren (Normannen, Dänen, Wikinger) nutzten die innere Schwäche des Reiches zu permanenten Überfällen.

Entstehung des Lehnswesens

Das Lehnswesen war ein von den Karolingern erfundenes System, das die verschiedenen Stände in Beziehung und Abhängigkeit zueinander brachte. Es half maßgeblich bei der Entstehung von staatlicher Organisation und Verwaltung.

Wie funktionierte das Lehnswesen?

Kaum ein König oder Herzog konnte im 9. Jh. seinen großflächigen Landbesitz noch selbst bebauen, und so verlieh er den Besitz an treue Helfer. Oftmals stellte dabei die leihweise Überlassung von Landgütern die einzige Möglichkeit dar, die *Dienstmannen* zu entschädigen. Diese wiederum leisteten Steuern und Abgaben in Form von Viehzucht- oder Ackerbauerzeugnissen. Beim Akt der Belehnung musste der Lehnsnehmer seinem Lehnsherren versprechen, ihm gegenüber immer „treu, hold und gewärtig" zu sein. Je nach seiner Stellung in der Gesellschaft erhielt er daraufhin von seinem Lehnsherren ein bestimmtes Geschenk. Damit war das Lehnsverhältnis „besiegelt". Durch die Belehnung traten sowohl Lehnsherr als auch Belehnter in ein gegenseitiges Abhängigkeitsverhältnis. Dieses galt – außer wenn es durch Untreue gebrochen und daher aufgelöst wurde – auf Lebenszeit. Starb Belehnter oder Lehnsherr, so trat der so genannte *Heimfall* ein und das Lehen wurde zur erneuten Belehnung frei. Im Mittelalter wurden nicht nur Landgüter als Lehen vergeben, sondern auch öffentliche Ämter mit guten Einnahmen.

Wie verfuhr man mit frei gewordenen Lehen?

Zu Beginn der Entstehung des Lehnswesens wurde ein durch Tod frei gewordenes Lehen nie an den Sohn des Inhabers gegeben. Auf diese Weise sollte von Seiten des Königs verhindert werden, dass die Güter erblich wurden. Als das Karolingerreich verfiel, setzten die Herzöge um das 10. Jh. jedoch durch, dass ihre Söhne problemlos ihre Stellung übernehmen konnten. Das Resultat war, dass sich die Macht der Herzöge vergrößerte, während die des Königs schrumpfte. Die einzige Möglichkeit des Königs war, sich die Dankbarkeit und Treue des niederen Adels zu sichern. Deshalb erklärte Konrad II. im Jahr 1037 die so genannten *kleinen Lehen*, die von Herzögen und Grafen an Vertreter des niederen Adels weiterverliehen wurden, ebenfalls für erblich. Mit dieser Maßnahme festigte er seine Stellung gegenüber den Herzögen erheblich, da sie nun keine größere Macht über die Ritter hatten als der König über sie. Nun jedoch erfüllte das Lehnssystem nicht mehr den Zweck, den es ursprünglich gehabt hatte: Es sollte eigentlich für das Reich eine integrative Bedeutung haben. Faktisch hatte es das durch die Erblichkeit der Lehen nun nicht mehr. So verlor das Lehnswesen in der Folgezeit an Bedeutung.

Lehnspyramide

Das Lehnswesen schuf einen pyramidenförmigen Aufbau der Gesellschaft. Zuoberst stand der König als höchster Lehnsherr. Unterhalb der Spitze kamen dann die Geistlichen, die Fürsten, Grafen und Herzöge, die ihr eigenes Lehen weiterverleihen konnten – als so genanntes *kleines Lehen* an den niederen Adel. Im Anschluss folgte das Volk. Weil die Zahl der Untertanen nach unten hin immer größer wurde, ergibt sich das Bild einer Pyramide (*Lehnspyramide*).

Entstehung der Mönchsorden

Ab dem Jahr 529 n. Chr. wurden im Abendland verschiedene katholische Glaubensgemeinschaften gegründet, deren Zusammenleben durch strenge Regeln und die bedingungslose Hinwendung zu Gott geprägt war.

Wie entstanden die Mönchsorden?

Der erste abendländische Mönchsorden – und Grundstein für alle nachfolgenden Orden – war der *Benediktinerorden*, der 529 von Benedikt von Nursia gegründet wurde. Für seine wachsende Anhängerschar ließ er diverse Klöster errichten und verfasste die *Regula Benedicti*, in der festgelegt war, wie Mönche des *Benediktinerordens* zu leben hatten. Die meisten Orden wurden von Einzelpersonen gegründet, die dem jeweiligen Orden seinen Namen gaben, wie etwa der *Franziskanerorden* (1210 durch Franz von Assisi) oder der *Dominikanerorden* (1216 durch Dominikus). Einige wenige entstanden auch durch Abspaltung von anderen Orden, Beispiele hierfür sind die *Karmeliterorden*, die auf eine Eremitengruppe mit Ursprung im 12. Jh. zurückgehen und sich in *Beschuhte und Unbeschuhte Karmeliter* aufteilten.

Franz von Assisi

Wie sah das Leben in einem Kloster aus?
Am Beginn eines jeden Klosterlebens stand das *Noviziat*. Es stellte die Probezeit für jeden werdenden Mönch dar und endete mit einem feierlichen Gelübde (die *Profess*). Der Tagesablauf der Mönche war von Arbeit und zeitlich festgelegten Gebeten geprägt. Geredet wurde nur, wenn es die Pflichten verlangten. Sehr wichtig war die Gemeinschaft des Ordens: Es wurde stets gemeinsam gebetet und gegessen. Klöster und Abteien waren in der Regel gleich aufgebaut. Das Zentrum bildete ein Innenhof, der von einem Kreuzgang umgeben war. Hieran schlossen sich die verschiedenen Räumlichkeiten an. Neben den kargen Schlafkammern der Mönche gab es bestens ausgestattete Büchereien, Speisezimmer, Vorratskammern, Schreibstuben und natürlich eine Kirche. Oft gehörten auch Felder und Gärten, die von den Mönchen bebaut wurden, zur Klosteranlage.

Welche kulturelle Bedeutung hatten die Mönchsorden?
Durch die Klöster erfuhr die Kultur des Mittelalters einen starken Aufwind. So trugen die Mönche etwa dazu bei, dass die deutsche Sprache allmählich eine einheitliche Form bekam. Auch Musik wurde in den Klöstern gepflegt – man denke nur an die *gregorianischen Gesänge*. Auch waren die Klöster Orte, an denen Traditionen bewahrt wurden. Zudem waren die Mönche beinahe die einzigen Menschen dieser Zeit, die lesen und schreiben konnten. Deswegen schickten viele Mitglieder der wohlhabenden Gesellschaft ihre Kinder in Klöster, damit ihnen diese Fähigkeiten dort weitervermittelt werden konnten. Somit waren die Klöster die einzigen Bildungsstätten dieser Zeit, bis sie von den städtischen Schulen abgelöst wurden.

Die Ottonen

Die Ottonen waren sächsische Könige und Kaiser aus dem Geschlecht der Liudolfinger. Sie regierten von 912 bis 1024 über das ostfränkisch-deutsche Reich. Zu ihnen gehörten Heinrich I., Otto I., Otto II., Otto III. und Heinrich II.

Wie begann die Herrschaft der Ottonen?

Konrad, der Herzog der Franken, übernahm 911 nach dem Tod des letzten Karolingers die Königsherrschaft über das ostfränkische Reich. Jedoch zerfiel daraufhin zeitweise das Land: Lothringen schloss sich dem westfränkischen Reich an. Die Stabilität im Reich konnte erst wiederhergestellt werden, als sich die beiden Kontrahenten Konrad I. und Heinrich, Herzog von Sachsen, einigten. Nach dem Tod Konrads wurde Heinrich I. 919 König im ostfränkischen Reich, während sich ihm Konrads Bruder Eberhard unterwarf und Herzog blieb.

Wer waren Otto I., II. und III.?

Otto I. erhielt durch die Mühen seines Vaters 936 ein geeintes Reich und wurde zum König gekrönt, obwohl seine Mutter Mathilde seinen jüngeren Bruder Heinrich bevorzugt hatte. Im Jahr 955 hatte er die Ungarn auf dem Lechfeld besiegt und dominierte mit Burgund und Italien zwei weitere Königreiche, worauf er 962 in Rom zum Kaiser gekrönt wurde. Neben Verhandlungen mit dem Kalifen von Córdoba arrangierte er für seinen Sohn Otto II. eine Ehefrau aus dem byzantinischen Königshaus und führte konsequent die von seinem Vater begonnene Osterweiterung des Reiches fort. Otto I. starb 973. Sein Sohn hatte bereits zwölf

Jahre lang das Reich mitregiert, als sein Vater starb. Seine eigene Regierung scheiterte jedoch an der vom Vater begonnenen Italienpolitik sowie an der Ostexpansion des Reiches. Otto II. verstarb 983 in Rom. Nach seiner Krönung wollte Otto III. an die erfolgreiche Regentschaft seines Großvaters Ottos I. anknüpfen, was ihm jedoch nicht gelang. Einzig die Christianisierung von Polen und Ungarn erinnert an dessen Herrschaft. Im Jahr 1002 starb Otto III. in der Burg Paterno.

Wie sah das Ende der Ottonenzeit aus?

Nach dem Tod Ottos III. hielt Heinrich, ein Nachfahre des Bruders von Otto II., seine Zeit für gekommen. Gleichzeitig mit ihm erhoben auch die Sachsen und Schwaben Ansprüche auf den Thron; letztendlich konnte sich Heinrich aber durchsetzen. Im Gegensatz zu seinen Vorgängern konnte sich Heinrich II. in Italien und anderen Gebieten auf dem Schlachtfeld behaupten. Er starb 1024. Da er keine Kinder hatte, endete mit ihm die Ottonenzeit.

Die Herrschaftszeit der Ottonen

Die Ottonen hatten keinen festen Regierungssitz, sondern praktizierten ein *Wanderkönigtum*. Der Sitz des Reiches wurde vom König nacheinander an verschiedene Orte verlegt. Der Vertreter des Königs in den Provinzen war stets ein Graf, der die gerichtlichen und militärischen sowie Verwaltungsaufgaben übernahm. Krieg war an der Tagesordnung, entweder zum Schutz vor Feinden oder zur bloßen Bereicherung der herrschenden Schicht. Da es kein stehendes Herr gab, ließ der König im Fall eines Krieges freie Männer von den Grafen einberufen.

Die Salier

Die Salier aus dem Geschlecht der Franken herrschten als römisch-deutsche Kaiser und Könige fast genau ein Jahrhundert von 1024 bis 1125 n. Chr. Zu ihnen zählen Konrad II., Heinrich III., Heinrich IV. und Heinrich V.

Wie gestaltete Konrad, der erste Salier, seine Politik?

Nachdem das sächsische Kaiserhaus ausgestorben war, versammelte sich im Jahr 1024 der hohe und niedere Adel zur Wahl eines neuen Königs: Konrad II. von Franken. Mit ihm begann das Geschlecht der *Salier*. Das hauptsächliche Anliegen Konrads II. war es, die Macht des Königs zu festigen. Mit Gewalt, also durch den Einsatz seiner Heeresmacht, eroberte Konrad II. zuerst das Königreich Burgund. Diese Eroberung brachte ihm eine Reihe von Vorteilen, da er jetzt über einige bedeutende Pässe und Handelsstraßen durch die Westalpen verfügen konnte. Durch die neuen Verkehrsrouten nach Italien brachte er Frankreich – welches seinem Herrschaftsstil schnell Respekt zollte – in Bedrängnis. Konrad II. war im deutschen Gebiet ein ebenso strenger wie auch unangefochtener Herrscher. Als er starb, machte sich daher unter den Fürsten eine große Erleichterung breit. Neuer König sollte – mit nur knapp 22 Jahren – Heinrich III. werden.

Führte Heinrich III. die strenge Herrschaft weiter?

Auch Heinrich III. war ein äußerst starker Herrscher, der seinem Reich v. a. sehr viele östliche Gebiete hinzufügen konnte. So griff er beispielsweise in Ungarn und Polen ein und erlangte über beide Gebiete die Lehnshoheit. Unter der Herrschaft Heinrichs III. erreichte das Reich seine größte Ausdehnung. In Rom stritten sich im Jahr 1046 drei Päpste um den Thron. Heinrich III. ließ alle drei auf der *Synode zu Sutri* absetzen und wurde daraufhin von den Römern um die Ernennung eines Nachfolgers gebeten. So wurde der Bischof von Bamberg auf Geheiß Heinrichs Papst und krönte diesen im Gegenzug dazu 1046 zum Kaiser. Heinrich III. übte insgesamt viermal entscheidenden Einfluss auf die Papstwahl aus. Als sein Sohn gerade sechs Jahre alt war, starb Kaiser Heinrich III. Bis zu dessen Mündigkeit mit 15 Jahren führte die Witwe Heinrichs III., Agnes von Poitou, die Herrschaft über das Reich weiter.

Wie regierte Heinrich IV.?

Als Heinrich IV. seine Mündigkeit erlangte, war das Reich seines Vaters nahezu zerfallen. Er baute fortan Burgen und erwarb neue Landgüter zwischen Harz und Thüringer Wald. Beim Versuch, die Sachsen wieder seiner Königsmacht zu unterwerfen, kam es zum Aufstand der Sachsen, der Heinrich zuerst zur Flucht trieb, den er dann aber erfolgreich niederschlagen konnte. Infolge des *Investiturstreits* mit dem Papst sprach dieser einen Bann über Heinrich aus. Die Gegner Heinrichs erklärten daraufhin, dass sie einen neuen König wählen würden, wenn er sich nicht binnen eines Jahres von dem Bann befreien könnte. Obwohl Heinrich durch den *Gang nach Canossa* 1077 diesem Wunsch entsprach, musste er sich dennoch gegen einen Gegenkönig durchsetzen, fiel wieder unter den päpstlichen Bann, konnte aber dann Papst Gregor VII. absetzen (vgl. Kap. Investiturstreit).

Die Staufer

Die Staufer waren ein schwäbisches Fürstengeschlecht, das von 1138 bis 1254 die deutschen Kaiser und Könige stellte. Bekanntester Staufer ist Kaiser Friedrich I., der Barbarossa (Rotbart) genannt wurde.

Friedrich I. Barbarossa

Wer war Barbarossa?
Konrad III. bestieg als erster Staufer den Königsthron. Nach seinem Tod wurde Friedrich von Schwaben – bei dem es sich um den legendären *Barbarossa* handelte – zum König gewählt. In den Herrschaftsjahren Friedrichs I. wurden die staufischen Landgüter stark ausgebaut. Als Friedrich Barbarossa den 3. Kreuzzug anführte (1189–1192), fand er dabei 1190 im Fluss Saleph in Kleinasien den Tod.

Wie ging es nach Barbarossa mit den Staufern weiter?
Heinrich VI., der Sohn Barbarossas, entsprach in keiner Weise dem Ebenbild seines Vaters. Er war schwach und klein, dafür aber geistig umso begabter. Seine politischen Ziele verfolgte er auf grausame Weise und nahm beispielsweise den englischen König Richard Löwenherz gefangen, den er erst gegen eine hohe Lösegeldsumme ziehen ließ. Auch besaß er einen Hang

zum Größenwahn und trug sich mit dem Gedanken an ein Weltreich der Staufer. Er bemühte sich, mithilfe seiner Machtpolitik an Zypern, Armenien und Syrien heranzukommen, während er durch die Heirat seines Bruders Philipp mit der byzantinischen Erbtochter Irene seinen Osteinfluss ausweitete. Nach Heinrichs Tod kam es 1198 im Reich zu einer Doppelwahl: Philipp und der Welfe Otto IV. stritten um den Thron. Nach dem Tod von Philipp konnte sich Otto schließlich durchsetzen und erreichte somit die Kaiserkrönung.

Wie gelangte die Krone noch einmal an die Staufer?
Da Otto IV. die altstaufische Politik in Italien wieder aufnahm und bemüht war, Sizilien zu erlangen, wandte sich der Papst von ihm ab und setzte sich für die Wahl Friedrichs II. zum deutschen König ein. Der Enkel Barbarossas unterschied sich von früheren staufischen Herrschern deutlich. Seine Art der Regierung trug vergleichsweise moderne Züge und seine Herrschaft war von zentralistischen und rationalistischen Strukturen geprägt. Im Jahr 1212 wurde der Sohn von Heinrich VI. dann tatsächlich zum König gekrönt. Nachdem Friedrich II. gestorben war, zog der einzige legitime Nachfolger, Konrad IV., nach Sizilien, um die Herrschaft zu übernehmen. Manfred, illegitimer Sohn Friedrichs II., übernahm nach Konrads Tod im Jahr 1254 die Herrschaft. In der *Schlacht von Benevent* 1266 verlor er nach nur anfänglichen politischen Erfolgen sein Leben. Nun versuchte 1267 Konradin, der Sohn Konrads IV., das Erbe zurückzugewinnen. Doch er geriet in Gefangenschaft und wurde 1268 öffentlich hingerichtet. Mit ihm ging das Geschlecht der Staufer unter.

Die Ausbreitung der Normannen

Die Wikinger, die sich ab 911 in Nordfrankreich niederließen, von dort aus unter Herzog Wilhelm, dem Eroberer, England eroberten und in Süditalien ein Königreich gründeten, werden Normannen genannt und gaben der Normandie ihren Namen.

Warum ließen sich Wikinger in Nordfrankreich nieder?
Die Wikinger waren schon einige Jahrhunderte zuvor in den südlicheren Teil des Nordatlantik vorgestoßen, hatten englische Klöster überfallen und Irland angegriffen. Mit den Jahrhunderten stießen sie weiter nach Süden vor und landeten immer öfter an den französischen, spanischen und italienischen Küsten. Durch die Überfälle der Wikinger geriet das westliche Frankenreich in eine Krise, weshalb Karl III. – der Einfältige genannt – seine einzige Chance für Frieden darin sah, einen Teil Nordfrankreichs im Jahr 911 als Herzogtum an den Wikingerführer Rollo zu vergeben. Im Lauf von nur drei Generationen wurde die Normandie das mächtigste französische Fürstentum. Die Normannen – ehemals heidnischen Barbaren – wurden zu gläubigen Christen.

Der Teppich von Bayeux

Was machten die Normannen in England?

Von der Normandie an der Nordwestküste Frankreichs fuhren die Normannen im Jahr 1066 unter ihrem Herzog Wilhelm mit über 700 Schiffen in Richtung England, um es zu erobern. Nach seinem entscheidenden Sieg in der *Schlacht von Hastings* (1066) zog er nach London und wurde zum König gekrönt. Der Rest des Landes war schnell befriedet und im Jahr 1070 ganz England unter normannischer Kontrolle. Wilhelm I. baute Hunderte von Burgen im ganzen Land und löste die großen und unabhängigen Grafschaften auf. Diese Ländereien vergab er gemäß dem französischen Lehnsystem an normannische Ritter. Amtssprache und Sprache der Oberschicht wurde das normannische Französisch.

Wie verschlug es die Normannen in den Süden?

50 Jahre, bevor Wilhelm den Ärmelkanal überquerte, hatten normannische Ritter Beutezüge nach Italien unternommen und im Jahr 1061 beherrschten sie bereits ganz Unteritalien. Sie gründeten auf Sizilien die stärkste Monarchie Europas und das aufgeklärteste christliche Königreich des Mittelalters: 1130 vereinigte Roger II. die entstandenen süditalienischen Normannenstaaten zu einem Königreich, das 1194 an die Staufer überging.

Der Teppich von Bayeux

Der *Teppich von Bayeux* ist der älteste erhaltene Wandteppich des Mittelalters, der heute in dem Ort *Bayeux* in der Normandie hängt. Er besteht aus 72 Bildszenen, die mit insgesamt 1512 Figuren bestickt sind. Dargestellt ist die Überfahrt der Normannen nach England unter Wilhelm dem Eroberer und ihr Sieg in der Schlacht von Hastings 1066.

Die Kreuzzüge

Unter diesen Begriff fasst man eine Reihe von Kriegszügen der abendländischen Christenheit zwischen 1095 und 1270 zur Befreiung Jerusalems und des Heiligen Landes aus der Herrschaft Andersgläubiger. Im Laufe der Zeit wurden die Kreuzzüge allerdings immer mehr für machtpolitische Zwecke eingesetzt.

Wie kam es zum 1. Kreuzzug?

Als Papst Urban II. im Jahr 1095 auf einem Konzil in Clermont-Ferrand zum Kreuzzug aufrief, nahm das der Wanderprediger Peter von Amiens zum Anlass, eine Heerschar von Bauern zusammenzustellen und mit ihnen nach Konstantinopel zu ziehen. Das zusammengewürfelte Heer, das schon während der Reise mit dem Plündern und Zerstören begann, wurde an seinem Ziel, in der Gegend von Nicomedia (dem heutigen Izmir), von den Muslimen ohne große Probleme vollständig geschlagen. Die überlebenden Bauern – unter ihnen auch Peter von Amiens – flohen ins Oströmische Reich zurück. Anlass für den ersten Kreuzzugsaufruf war ein Hilfsgesuch des byzantinischen Kaisers Alexios I. Komnenos an den Westen gewesen: Seit Mitte des 11. Jh. bedrängten die muslimischen Seldschuken das Oströmische Reich und hatten in jüngster Zeit mehrere Städte, darunter auch Jerusalem, erobert. Das Reich konnte dem Druck der Türken kaum mehr standhalten.

Was sind die so genannten Kreuzfahrerstaaten?

Obwohl die ersten Kreuzritter dem oströmischen Kaiser Alexios den Vasalleneid leisten mussten und versprachen, erobertes Land an Konstantinopel zu übergeben, hielten sie sich nicht an ihr Versprechen. Bestes Beispiel für die nicht allzu große Tugendhaftigkeit unter den Rittern ist die Entstehung des ersten Kreuzfahrerstaates Edessa: Die Kreuzritter hatten armenische Christen in Edessa (dem heutigen Urfa) aus der Gewalt der Türken befreit und Graf Balduin von Boulogne war aus Dankbarkeit von Prinz Toros, dem Fürsten der armenischen Stadt, adoptiert worden. Balduin jedoch ließ seinen Adoptivvater kurze Zeit später ermorden und machte sich selbst zum Grafen von Edessa.

Wie verliefen die sieben Kreuzzüge?

Der 1. Kreuzzug (1096–1099) brachte die Eroberung Jerusalems. Nachdem die Muslime 1144 Edessa zurückerobert hatten, drängte Bernhard von Clairvaux auf einen 2. Kreuzzug (1147–1149). Dieser zieht den Verlust Jerusalems nach sich (1187). Im Jahr 1189 brach König Richard I. (Löwenherz) nach Palästina zu einem 3. Kreuzzug auf. Zwar machte er Zypern zum fünften Kreuzfahrerstaat, aber Jerusalem konnte er nicht zurückerobern. Der 4. Kreuzzug (1202–1204) erreichte durch die Ränkeschmiede Venedigs nie Jerusalem: Der venezianische Doge Enrico Dandolo ließ die Kreuzritter Konstantinopel zerstören. Der 5. Kreuzzug (1228– 1229) unter Friedrich II. brachte die erneute Herrschaft über Jerusalem. Der 6. Kreuzzug 1248–1254 endete mit der Gefangennahme Ludwigs IX. und dessen Heer, der 7. Kreuzzug im Jahr 1270 mit dem Tod Ludwigs vor Tunis. Das einst blühende syrisch-palästinensische Gebiet wurde durch die ständigen Gefechte ruiniert. Das von den Kreuzfahrern geschwächte Konstantinopel konnte dem Druck aus dem Osten nicht länger standhalten: 1453 eroberte Sultan Mohammed II. die Stadt.

Der Investiturstreit

Die Auseinandersetzung im 11. und 12. Jh. zwischen Kirche und Staat um die Rolle der weltlichen Herrscher bei der Amtseinsetzung von Bischöfen und Äbten erlebte in der Konfrontation zwischen König Heinrich IV. und Papst Gregor VII. ihren Höhepunkt.

Worum ging es im Investiturstreit?

Die weltliche Macht der Kirche hatte im 11. Jh. immer mehr zugenommen; die geistlichen Aufgaben waren in den Hintergrund getreten. Und so kam es, dass reformerische Kreise innerhalb der Kirche die Einführung des Zölibats, die Abschaffung des Verkaufs von Kirchenämtern und das Verbot der Laieninvestitur forderten. In Papst Gregor VII. hatten sie dahingehend einen Unterstützer gefunden, als er im Jahr 1075 das Verbot der Laieninvestitur verschärfte. Das bedeutete, dass Bischofsämter nicht mehr durch den Kaiser oder Fürsten besetzt werden konnten. Ferner erhob er im März mit dem *Dictatus Papae* den Papst über den Kaiser.

Wann eskalierte der Konflikt zwischen Papst und König?

Im Zuge der Auseinandersetzung um die Investitur von Bischöfen drohte Papst Gregor VII. König Heinrich IV. mit dem Kirchenbann, woraufhin dieser im Jahr 1076 die *Synode von Worms* einberief, um Papst Gregor absetzen zu lassen. Heinrich konnte völlig auf die Ergebenheit der deutschen Bischöfe bauen, denn diese fürchteten um ihre Privilegien und die endgültige Durchsetzung des Zölibats. So kam es, dass 24 Bischöfe und zwei Erzbischöfe dem Papst den Gehorsam aufkündigten. Die

Reaktion Gregors: Heinrich wurde exkommuniziert und sollte nicht mehr wie ein König behandelt werden. Nun sahen die deutschen Fürsten ihre Chance und versuchten, einen Gegenkönig zu wählen, was Heinrich nur knapp verhindern konnte. Die Fürsten gaben ihm die Möglichkeit, binnen eines Jahres den päpstlichen Kirchenbann rückgängig zu machen, woraufhin Heinrich seinen bekannten *Gang nach Canossa* antrat.

Was war der Bußgang nach Canossa?
Am 25. Januar des Jahres 1077 stand Heinrich nach beschwerlicher Reise vor der Festung Canossa, in die sich Papst Gregor VII. zurückgezogen hatte. Drei Tage lang bat Heinrich in wollenem Gewand und barfüßig im Schnee vor den Toren den Papst um Vergebung und um seine Wiederaufnahme in die Kirche. Gregor hob schließlich den Bann auf.

Wie wurde der Streit gelöst?
Die oppositionellen deutschen Fürsten wählten Rudolf von Rheinfeld zu ihrem Gegenkönig, der dem Papst die Treue schwor. Gregor VII. sprach 1080 erneut einen Kirchenbann über Heinrich IV. aus. Bei Unruhen starb Rudolf noch im gleichen Jahr. Heinrich ließ Erzbischof Wilbert von Ravenna zum Gegenpapst (Klemens III.) ernennen. Zudem gelang es Heinrichs Truppen, Rom zu erobern. Gregor flüchtete zu seinen normannischen Verbündeten und starb im Exil. Das offizielle Ende des Investiturstreits wurde erst durch das *Wormser Konkordat* im Jahr 1122 besiegelt. Fortan wurden geistliche Ämter durch kanonische Wahl in Anwesenheit des Königs vergeben. Danach erfolgte die Investitur mit weltlichen Gütern und Rechten durch den König.

Das Schicksal der Juden im Mittelalter

Mit seiner Vertreibung aus Palästina begann die fast zwei Jahrtausende währende Leidensgeschichte des jüdischen Volkes, das trotz oder gerade wegen dieser Geschehnisse seine Kultur lebendig halten konnte.

Wo und wie lebten die Juden im Mittelalter?

Im Mittelalter traten zwei unterschiedliche jüdische Gemeinschaften in Erscheinung: die *Sephardim*, die sich unter der muslimischen Herrschaft in Spanien eines ungestörten Lebens erfreuten, und die *Aschkenasim*, die in Mittel- und Osteuropa lebten. Aus beiden Gemeinschaften gingen rabbinische Gelehrte hervor, deren Schriften und Gedanken heute noch die Grundlage religiöser jüdischer Auslegung bilden.
Juden waren bereits lange Zeit in vielen Regionen Außenseiter der Gesellschaft gewesen. Doch unter dem oströmischen Kaiser Justinian nahm die Judenverfolgung im 6. Jh. deutlich zu, nachdem das Christentum die führende Religion in Europa geworden war. Dennoch existierten Phasen der Toleranz: So setzten sich Karl der Große und seine Nachfolger sehr stark für die Juden ein. Bis zu den ersten Kreuzzügen lebten sie somit in Deutschland, Frankreich und Spanien weitgehend ungestört.
Sie waren nicht nur als Kaufleute tätig, sondern auch als Handwerker und Grundbesitzer und durften darüber hinaus hohe Staatsämter bekleiden. Mittelpunkt ihrer Kultur wurden ab dem 10. Jh. die Städte Worms, Speyer und Mainz. Doch ab 1100 änderte sich die Situation der Juden in diesen Ländern erheblich.

Wie kam es zu den Judenverfolgungen im Mittelalter?

Die Juden waren die ersten Opfer der Kreuzzüge. In ihrem Rahmen fanden die ersten großen Verfolgungen u. a. wegen angeblicher Ritualmorde statt. Juden wurden isoliert, durften keine christlichen Berufe ausüben und mussten sich mit auffälliger Kleidung von anderen unterscheiden. Schließlich war es ihnen nur noch erlaubt, die Tätigkeit des Zinsnehmens auszuüben, was sie wiederum bei der Bevölkerung unbeliebt machte. Gegen Ende des 12. Jh. wurde ihnen durch die Zünfte – in die sie nicht aufgenommen wurden – auch noch das Handwerk verwehrt. Während sie zu Zeiten Friedrichs II. (1236) noch als Kammerknechte dem kaiserlichen Schutz und seiner Besteuerung direkt unterstellt waren, waren sie inzwischen längst an die Fürsten verpfändet worden, die sich von Karl IV. in der *Goldenen Bulle* bestätigen ließen, dass sie Juden „halten“ dürften. Schließlich kam jeder Dorf- und Stadtherr zu eigenen Judensteuern.

Wie lang währte die Judenverfolgung?

Die Juden führten im Mittelalter in den Städten ein Sonderdasein. Sie mussten in einem nur für sie bestimmten Viertel, dem *Ghetto*, wohnen, das abends und sonntags abgeschlossen wurde. Die engen Ghettos waren meist übervölkert, verbaut, dunkel und schmutzig, da die christlichen Eigentümer der Ghettohäuser nur am Mietzins interessiert waren. Auch die Reformation brachte keinerlei Besserung für das Judentum. Die Emanzipation der Juden begann dann im 18. Jh. Erst 1796 wurde den Juden in Frankfurt/Main erlaubt, auch außerhalb des Ghettos zu wohnen. Das 20. Jh. brachte jedoch mit dem Nationalsozialismus nochmals eine besonders grausame Phase der Judenverfolgung.

Der Deutsche Orden

Der Deutsche Orden war ein während der Kreuzzüge gegründeter Ritterorden, der zeitweilig einen selbstständigen Staat darstellte, ehe er sich nach seiner Neugründung im 19. Jh. allein dem geistlichen Leben zuwandte.

Wie entstand der Deutsche Orden?

Im Jahre 1190, während des 3. Kreuzzuges, riefen norddeutsche Kaufleute eine Hospitalgenossenschaft ins Leben, die den Belagerern der Stadt Akkon ärztliche Hilfe bieten sollte. Noch im selben Jahr wurde sie als *Deutscher Orden* von Papst Klemens II. anerkannt und ließ sich in Akkon nieder. 1198 wurde sie in einen Ritterorden umgewandelt. Dieser genoss den Schutz der deutschen Herzöge und erhielt zahlreiche Ländereien vom Papst. Der Orden wurde vom so genannten *Hochmeister* angeführt, der auf Lebenszeit gewählt war. Zudem gab es fünf weitere Funktionäre, die jeweils eine bestimmte Aufgabe zu erfüllen hatten. Sämtliche Ordensbrüder und -schwestern bildeten das so genannte *Ordenskapitel*, das dem Hochmeister beratend zur Seite stand. Außerdem gab es noch diverse *Landmeister*.

Was war der Deutsch-Ordens-Staat?

Als Dank für die Unterstützung des Herzogs von Masowien im Kampf gegen die heidnischen Preußen versprachen Papst und Kaiser dem Hochmeister *Hermann von Salza* die territorialen Rechte über die Gebiete Kulmerland und Livland. Damit begann die Ostkolonisierung durch den *Deutschen Orden*. In mehreren Kriegen wurden die Preußen besiegt und ihr Land eingenommen. Durch den Anschluss des livländischen Schwertbrüderordens an den *Deutschen Orden* wurde das Territorium weiter ausgedehnt. Aus den Ländereien des Staates wurde der selbstständige *Deutsch-Ordens-Staat*. Er umfasste zu seinen besten Zeiten Teile der heutigen Staaten Polen, Russland, Lettland, Estland und Litauen und hatte bis ins 16. Jh. Bestand.

Wie kam es zum Machtverlust des Ordens?
Im 16. Jh. musste er sich aus vielen Regionen zurückziehen und auch der selbstständige Ordensstaat wurde aufgelöst. Die noch verbliebenen Ländereien wurden in ein Fürstentum umgewandelt und dem polnischen König unterstellt. Lediglich die Ländereien außerhalb des ehemaligen Staates verblieben beim Orden. Während der Türkenkriege des 17. und 18. Jh. kämpften die Ordensritter an der Seite der kaiserlichen Truppen. Ein großer Teil der Ordensressourcen wurde währenddessen aufgezehrt. Napoleon schließlich löste den Orden überall außer in Österreich auf. 1834 gründete er sich erneut. Ab 1929 wurde er zu einem rein geistlichen Orden. Im Zweiten Weltkrieg wurde der Orden vielerorts enteignet und verboten. Seine Aktivitäten beschränken sich in der neueren Zeit auf diakonische und soziale Dienste.

Das **Ordenszeichen** ist ein schwarzes Kreuz. Nachdem es zunächst nur auf weißem Hintergrund getragen wurde, konnte man es später auch auf anderen Farben finden. Das *Eiserne Kreuz* der Befreiungskriege gegen Napoleon wurde dem Ordenszeichen nachempfunden. In beiden Weltkriegen diente es zudem der *Deutschen Wehrmacht* als militärische Auszeichnung.

Die Inquisition

Ursprünglich verstand man darunter ganz allgemein die Untersuchung rechtswidriger Ereignisse. Im Verlauf des 13. Jh. entwickelte sich diese Institution aber immer mehr zu einem schrecklichen Machtinstrument.

Wie entstand die Inquisition?
Aus dem Lateinischen übersetzt bedeutet *Inquisition* nichts anderes als *Untersuchung* und meint die Ermittlung gegen Straftaten. Als sich im 12. und 13. Jh. immer mehr Glaubensgemeinschaften bildeten, entstand bei den Katholiken jedoch der Irrglaube, die Anhänger dieser Sekten wären Mitglieder einer Verschwörung gegen die Kirche. Ihr Oberhaupt müsse der Teufel persönlich sein und seine Untertanen erhielten von ihm überirdische Kräfte. In einem „Vernichtungskrieg" von äußerster Brutalität wurden alle Mitglieder, die ihrem angeblichen „Irrglauben" nicht abschwören wollten, verbrannt. Zur Verteidigung des rechten Glaubens gründete Papst Gregor IX. 1231/1232 eine zentrale Kirchenbehörde: die *päpstliche Inquisition*. Durch das Zusammenwirken von weltlicher und kirchlicher Obrigkeit manifestierte sich die Inquisition Anfang des 13. Jh. als ein Mittel zur Reinerhaltung des Glaubens. Im weiteren Verlauf wurde sie aber v. a. zu einem Instrument der Festigung der weltlichen Macht der Kirche. Seit Papst Innozenz IV. war sogar die Anwendung der Folter erlaubt.

Wer waren die „Spürhunde des Herrn"?
Päpstliche Inquisitoren, meist Dominikaner oder Franziskaner, die von Papst Gregor IX. ernannt wurden, sollten die Ketzer ausfin-

dig machen und ihnen den Teufel austreiben. Wegen der großen Zahl eingesetzter Inquisitoren bekamen sie schnell den Spitznamen *domini canes*, Spürhunde des Herrn. Die Inquisitoren sorgten dafür, dass das System der universellen Überwachung immer weiter ausgebaut und gesichert wurde. Die Richtlinien für die Suche nach Ketzern wurden vom Papst persönlich aufgestellt: Jeder Gläubige war verpflichtet, Verdächtige zu melden; der Prozess stand unter strengster Geheimhaltung; der Vorsitzende war ein Inquisitor; Verteidiger waren nicht zugelassen; Berufung gegen das Urteil war nicht möglich; geständige und reuige Angeklagte wurden lebenslang eingekerkert und nicht geständige auf dem Scheiterhaufen verbrannt.

Unter dem Druck der Folter gaben viele Angeklagte zu, dass sie sich tatsächlich mit dem Teufel eingelassen und den christlichen Glauben verleugnet hätten. Bis in die frühe Neuzeit hinein wurden insgesamt ca. 100.000 Menschen hingerichtet, zum größten Teil Frauen – die Opfer, die mit leichteren Strafen oder Verwarnungen davonkamen, nicht mitgerechnet. Die Familien der Verurteilten wurden um ihr Vermögen betrogen oder selbst in den Verdacht der Hexerei gebracht. Das Anhäufen von Reichtümern war für die Kirche ein angenehmer Nebeneffekt, der dazu führte, dass der Schuldspruch *Ketzerei* immer häufiger in den Urteilen auftauchte.

Die *Hexenjagd* war zu einem bedeutenden Gewerbe geworden.

Hexenverbrennung

Avignonisches Exil

Von 1309 bis 1376 war die Stadt Avignon die Residenz der Päpste und entwickelte sich während dieser Zeit zu einem bedeutenden Kunstzentrum.

Wie kamen die Päpste nach Avignon?

Klemens V., der erste in einer Reihe von französischen Päpsten, weigerte sich nach seiner Wahl im Jahr 1305, nach Rom umzuziehen, und wählte Avignon zu seiner Residenz. Daraufhin durchlebte das Papsttum im 14. und 15. Jh. eine tiefe Krise. Der Papstpalast als das herausragendste gotische Bauwerk in der Provence zeugt noch heute von der Repräsentationssucht der damaligen Päpste. Direkt daneben steht auf einem Kalkfelsen die Kathedrale Notre-Dame-des-Domes. Hinter der Kathedrale ist der Kalkfelsen zu einer wunderschönen Gartenanlage umgestaltet worden. Ingesamt regierten sieben Päpste und zwei Gegenpäpste in Avignon. Jeder dieser sieben Päpste war Franzose und ebenso auch 111 der 134 Kardinäle, die während dieser knapp 70 Jahre ernannt wurden.

Was war die „Babylonische Gefangenschaft" der Kirche?

König Philipp IV. von Frankreich unterstützte Papst Klemens V. bei dessen Wahl und er war es auch, der ihm vorschlug, von Avignon aus zu regieren. Die folgenden 67 Jahre nennt man unter Bezugnahme auf die 70-jährige Gefangenschaft des Volkes Israel in Babylon die *Babylonische Gefangenschaft der Kirche*. Zum Ausdruck kommt damit die politische Vorherrschaft Frankreichs über das Papsttum in jener Zeit. 1362, noch in der Zeit des Exils, wurde Guillaume Grimoard zum Papst Urban V. gewählt. Er betrieb als Erster die Rückkehr nach Rom. Avignon war zu jener Zeit keine sichere Gegend mehr und der Papstpalast mehrfach von Räuberbanden überfallen worden. Gegen den Widerstand des französischen Königs und der französischen Kardinäle machte sich Urban Ende April 1367 auf die Reise und zog am 16. Oktober unter großem Jubel der Bevölkerung in Rom ein. Schon 1370 kehrte Urban jedoch nach Avignon zurück und starb bald darauf. Doch sein Nachfolger, Papst Gregor XI., brachte das Papsttum endgültig wieder nach Rom.

Wurde Avignon danach noch einmal Sitz des Papsttums?
Nach der Wahl des Papstes Urban VI. im Jahr 1378 verweigerten die Kardinäle dem strengen Oberhaupt den Gehorsam und wählten statt seiner Klemens VII. zum Papst. Dieser kehrte nach Avignon zurück und bannte seine Gegner. Nun gab es einen Papst in Rom und einen in Avignon. Erst das *Konstanzer Konzil* (1414–1418) sollte dieses *Schisma* beenden. Der damalige Papst in Rom Gregor XII. und derjenige in Avignon Benedikt XIII. sowie ein weiterer Gegenpapst Johannes XXIII. wurden abgesetzt und Martin V. bestieg 1417 den Heiligen Stuhl. Dennoch hatte die Krise ihre Spuren hinterlassen und bereits den Grundstein für die *Reformation* im kommenden Jahrhundert gelegt.

Papstpalast in Avignon

Die Hanse

Die Hanse war ein aus Städten bestehendes Handelsbündnis, das Dank einer geschickten Wirtschaftspolitik über drei Jahrhunderte den Handel in Europa dominieren konnte.

Wie entstand die Hanse?

Im Jahr 1157 schlossen sich deutsche Kaufleute im Ausland, insbesondere in England, zu einem Kaufmannsbund zusammen, den sie *Hanse* nannten. In der Folge verschiedener regionaler Bündnisse dieser Art entstand 1358 unter der Führung Lübecks der so genannte *Bund von der düdeschen hanse*, ein Zusammenschluss aller niederdeutschen Handelsstädte. Hauptziele des Bundes waren die Erhaltung und Erweiterung gemeinsamer Handelsvorteile sowie der gegenseitige Schutz. Damals fehlte eine starke Staatsgewalt, weswegen sich die Städte zu ihrer eigenen Sicherheit zusammenschließen mussten. Diese war ständig durch Piraterie und mächtige Fürsten bedroht. Aufgegliedert in verschiedene Kompanien waren die Hansekaufleute in ganz Europa unterwegs, um die verschiedensten Waren zu transportieren. Dies geschah mit den so genannten *Hansekoggen*. Dabei handelte es sich um die modernsten und prächtigsten Schiffe, die zur damaligen Zeit existierten. Insgesamt gehörten der

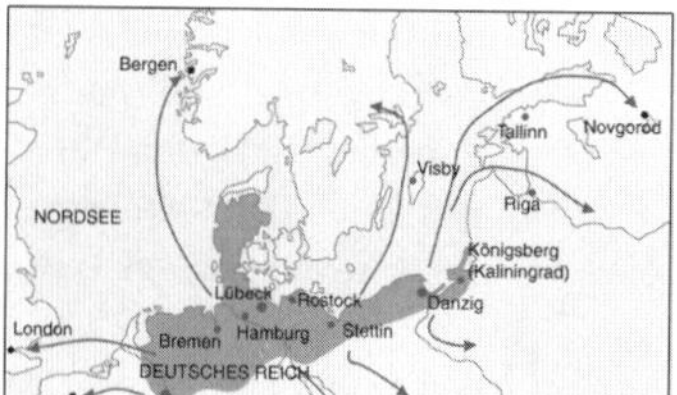

Karte der Hanse

Hanse über 200 Städte an, von denen etwa 70 den festen Kern bildeten. Die unregelmäßig abgehaltenen *Hansetage*, bei denen Vertreter aller Hansestädte zusammentrafen, waren das wichtigste Organ des Bündnisses. In den meisten Fällen wurden sie in der damals sehr mächtigen Stadt Lübeck abgehalten.

Welche politische Bedeutung hatte die Hanse?

Die Hanse stellte nicht nur eine starke Wirtschaftsmacht dar, auch ihr politischer Einfluss in Europa war groß. Mit ihrem enormen Potenzial an Menschen und Schiffen war die Hanse ein ernst zu nehmender politischer Faktor. Dies zeigte sich etwa in ihren Auseinandersetzungen mit Dänemark. Diese waren ausgebrochen, nachdem Dänemark 1361 Gotland eingenommen und die Handelsrechte der Hanse im dänischen Gebiet beschnitten hatte. Nach dem Sieg des Kaufmannsbundes wurde 1370 der *Friede von Stralsund* geschlossen, der die Macht der Hanse über die Ostsee festigte. Sie bekam ihre Privilegien zurück und stand so auf dem Höhepunkt ihrer Entwicklung.

Was löste den Niedergang der Hanse aus?

Immer mehr Länder nahmen den Handel selbst in die Hand. Es entstand ein Konkurrenzkampf, den die Hanse mit ihren mittlerweile veralteten Handelsstrukturen nicht gewinnen konnte. Mit der lukrativen Kombination aus Waren- und Finanzgeschäften seitens der großen Handelshäuser – wie beispielsweise der Fugger und Welser – konnte die Hanse nicht mithalten. Die Entdeckung Amerikas und die Schaffung neuer Seewege nach Indien sorgten zudem für eine starke Verlagerung des Handels. Interessenkonflikte zwischen den Städten lähmten die Hanse zusätzlich.

Die Entwicklung der Städte im Mittelalter

Das Bevölkerungswachstum und die Steigerung der landwirtschaftlichen Produktivität im 11. und 12. Jh. ermöglichten eine immer stärkere Spezialisierung. Neben die Landwirtschaft traten Handwerk und Handel. Diese Entwicklung ist eng mit dem Aufschwung der Städte verbunden.

Wie kam es zum Aufschwung der Städte im Mittelalter?
Um 800 gab es in Deutschland nur noch wenige alte Römerstädte wie Köln oder Regensburg, denn man lebte überwiegend vom Ackerbau. Ein Grund für die neue Gründungswelle von Städten war der Fernhandel mit Luxusgütern, der sich seit karolingischer Zeit entwickelte. Damit die Kaufleute ihre Waren verkaufen konnten, mussten befestigte Plätze geschaffen werden. Durch die Regelmäßigkeit der Märkte am selben Ort entstanden an diesen Stellen Siedlungen, die im Zentrum einen Marktplatz hatten. Mit der Bevölkerungszunahme und der Steigerung der landwirtschaftlichen Produktivität konnten sich immer mehr Menschen anderen Tätigkeiten als der Landwirtschaft widmen. Dies führte zu Arbeitsteilung und Spezialisierung, die Handwerk und Handel aufblühen ließen. Die befestigten Siedlungen zogen immer mehr Handwerker oder unfreie Arbeiter an.

Wer herrschte über die Städte?
Der Grundherr des Landstrichs, auf dem eine neue Stadt entstand – also ein Bischof, Herzog oder Graf, z. T. auch der König selbst – war gleichzeitig der Stadtherr. Durch Marktgebühren und Zölle wuchsen seine Einnahmen, mit deren Hilfe er die Stadt

befestigen und ausbauen konnte. Animiert durch die erhofften Einnahmen wuchs die Zahl der Stadtgründungen. Im 14. Jh. gab es schon fast 3000 Städte. Die meisten hatten weniger als 1000 und nur zwölf mehr als 10.000 Einwohner. Die Groß- und Fernhandelskaufleute gehörten zu den reichsten Bürgern und stellten das Patriziat dar, aus dessen Reihen Bürgermeister und Ratsherren hervorgingen. Zur Oberschicht zählten auch vermögende Grundbesitzer und reiche Handwerker. Die anderen Handwerker sowie Händler und Krämer bildeten die Mittelschicht. Die Unterschicht bestand aus den Stadtbewohnern, die kein Vermögen und kein Bürgerrecht besaßen. Sie stellten etwa die Hälfte der gesamten Stadtbevölkerung.

Gab es Konflikte zwischen Stadtherren und Ratsherren?

Die Stadtherren wollten ihre Stadt attraktiv machen, um ihr Wachstum zu beschleunigen. Deshalb förderten sie Handwerker und Kaufleute durch Privilegien und erlaubten den Bürgern, viele Entscheidungen selbst zu treffen. Am Ende dieser Entwicklung stand im ausgehenden 13. Jh. die Machtübernahme durch die Ratsherren, die einen Bürgermeister stellten und somit den Stadtherrn wirkungslos machten. Im folgenden Jahrhundert wollten auch die Handwerker an der Herrschaft über die Städte beteiligt werden und konnten sich in vielen Städten auch durchsetzen.
Das Bevölkerungswachstum erforderte schließlich eine Verbesserung der Produktionsmethoden in der Landwirtschaft sowie die Erschließung neuer Anbauflächen und Siedlungsgebiete. Dies wiederum bedingte einen Aufschwung in Handwerk und Handel, der seinerseits die Geldwirtschaft belebte und zur Errichtung neuer Märkte und damit zum Aufschwung der Städte führte.

Handwerkerzünfte

Handwerkerzünfte waren städtische Vereinigungen der Handwerker eines bestimmten Berufsstandes, die ab dem 12. Jh. zeitweilig erhebliche politische Macht besaßen.

Welche Funktionen hatten die Zünfte?

Der vorrangige Zweck einer Zunft bestand darin, den Mitgliedern das Recht auf die Ausübung des erlernten Handwerks und somit ein geregeltes Einkommen zu ermöglichen. Darüber hinaus sollte die Ausführung handwerklicher Tätigkeiten durch Ungelernte verhindert werden. Für einen Handwerker, der keiner Zunft angehörte, war es beinahe unmöglich, von seiner Arbeit zu leben, da Waren ohne Zunftstempel nicht verkauft werden durften. Neben ihren wirtschaftlichen Funktionen hatten die Zünfte auch vielerlei soziale Aufgaben. Nicht nur die Meister selbst, auch ihre Frauen und Kinder gehörten der Zunft an. Schon damals gab es eine Art zunftinterne „Kranken- und Rentenkasse". Wer arbeitsunfähig wurde, bekam genauso finanzielle Unterstützung von der Zunft wie die Witwen und Waisen der Meister. Manche Zünfte betrieben sogar eigene Spitäler. Zudem waren die Zünfte für die meisten Menschen eine Lebensgemeinschaft, eine Art Familie, die ihnen Schutz und Solidarität bot. Im Kriegsfall hatten die Zünfte auch militäri-

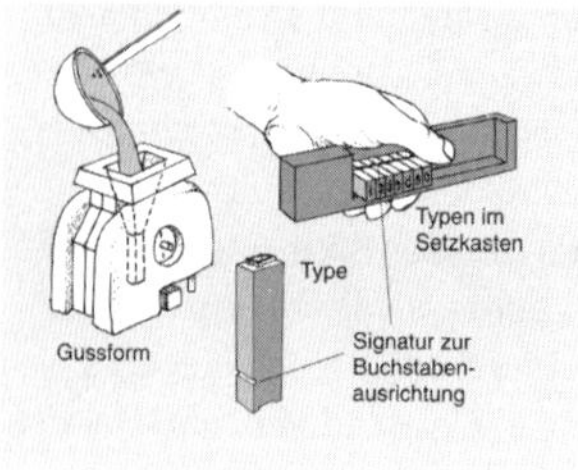

Der Buchdruck

sche Aufgaben. So mussten sie etwa Teile der Stadtmauer bewachen. Auch auf politischer Ebene waren die Zünfte tätig: In vielen Städten genossen sie ein Mitbestimmungsrecht.

Welche Regeln galten in den Zünften?
Das gesamte Handwerk war durch die so genannten *Zunftregeln* bestimmt. Es gab z. B. eine festgelegte Zahl von Gesellen, die ein Betrieb höchstens beschäftigen durfte. Des Weiteren war es einem Meister streng verboten, seine Beschäftigten länger als vorgeschrieben arbeiten zu lassen. Dadurch sollte sichergestellt werden, dass Betriebe, die mehr Geld zur Verfügung hatten, nicht mehr produzieren konnten als weniger betuchte Betriebe. Streng verboten war es auch, Gesellen von einem anderen Betrieb abzuwerben. Daneben gab es noch viele andere Regeln, die das Leben der Zunftmitglieder bestimmten: Die Lehrlinge durften weder Alkohol trinken noch tanzen oder dem Glücksspiel nachgehen. Auch das Heiraten war einem Lehrling untersagt.

Wie kam es zur Auflösung der Zünfte und wer beerbte sie?
Im Zuge der Industrialisierung wurde die Arbeit in mehrere einfache Arbeitsschritte unterteilt und ungelernten Kräften übertragen, was dazu führte, dass die gut ausgebildeten Zunftmitglieder als Arbeitskräfte zu teuer wurden. Aber noch heute gibt es Institutionen, die frühere Aufgaben der Zünfte übernommen haben. Die *Innungen* beispielsweise sind für das Lehrlingswesen und die Durchführung von Gesellenprüfungen zuständig. Eine ähnliche Funktion übernehmen die *Handelskammern*. Sie vertreten die Interessen ihrer Mitglieder gegenüber staatlichen Stellen und haben eine beratende Funktion.

Die Entdeckung der Neuen Welt

Der Italiener Christoph Kolumbus suchte unter der Flagge des spanischen Königs einen kürzeren Seehandelsweg nach Indien und entdeckte dabei einen neuen Kontinent. In der Folge wurde die Welt unter der Vorherrschaft der Europäer neu geordnet.

Wer hat Amerika entdeckt?

Die ersten Entdecker Amerikas kamen vor einigen 10.000 Jahren aus dem nördlichen Asien über die damals zugefrorene *Beringstraße* zwischen Sibirien und Alaska. Vermutlich wurde Amerika auf diesem Weg mehrere Male unabhängig voneinander „entdeckt". Die nächsten Entdecker stammten vermutlich aus dem Südpazifik. Schließlich folgten die Wikinger unter Leif Eriksson im Jahr 1000. Von Grönland aus stießen sie zur Küste von Neufundland vor und gründeten dort Kolonien, die allerdings nach einigen Jahrzehnten wieder aufgegeben wurden.

Wer war Christoph Kolumbus?

Christoph Kolumbus (1451–1506) war ein Seemann aus Genua. Er wollte einen kürzeren Seeweg nach Indien finden, da nach dem Erstarken des Osmanischen Reiches im östlichen Mittelmeer Waren wie indische Seide, Parfüm und Gewürze mit hohen Durchgangszöllen belegt waren. Lange Jahre bemühte er sich vergeblich, am portugiesischen Hof Unterstützung zu erhalten. Mehr Gehör fand er bei der spanischen Königin Isabella von Kastilien. Kolumbus konnte schließlich eine kleine Flotte von drei Schiffen zusammenstellen. Im August 1492 machte er sich mit der *Santa Maria*, seinem Flaggschiff, den beiden kleineren Schiffen *Pinta* und *Niña* und 120 Mann Besatzung auf den Weg. Am 12. Oktober 1492 sichtete ein Matrose Land, eine kleine Insel in der Karibik, die Kolumbus *San Salvador* taufte. Im Namen der Könige von Spanien nahm Kolumbus die Insel in Besitz. Auf drei weiteren Reisen in die *Neue Welt* gelangte er an viele Küsten des neuen Kontinents, wobei er glaubte, nach Indien gesegelt zu sein. Daher nannte er die Menschen, die diese Länder bewohnten, *Indianer*. Auch die Bezeichnung *Westindische Inseln* entstammt diesem Irrtum.

Woher kommt der Name Amerika?

Nach Christoph Kolumbus wagten sich zahlreiche Entdecker auf den Weg nach Westen. Einer von ihnen war *Amerigo Vespucci* (1451–1512). Er war schon sehr früh davon überzeugt, einen neuen Kontinent und nicht Indien zu bereisen. Durch seine spannenden Reiseberichte wurde der neue Kontinent in Europa schnell bekannt. Im Jahr 1507 hat man diesen dann auf Vorschlag des deutschen Gelehrten Martin Waldseemüller zu Ehren Vespuccis *Amerika* genannt.

Wie wurde die Neue Welt aufgeteilt?

Im Jahr 1494 – nur zwei Jahre nach der Entdeckung durch Kolumbus – wurde die Neue Welt im *Vertrag von Tordesillas* zwischen den beiden wichtigsten Seefahrernationen Spanien und Portugal aufgeteilt. Papst Alexander VI. legte eine Demarkationslinie fest, die durchs östliche Südamerika verlief. Westlich davon gelegenes Land gehörte zur spanischen Einflusszone, alles was östlich lag – damit auch Afrika und Indien – stand Portugal zu.

Die Reformation

Anfang des 16. Jh. waren Luther, Zwingli und Calvin Auslöser einer Bewegung, die in den europäischen Staaten zur Entstehung neuer, vom Papsttum unabhängiger Kirchen führte.

Welche Rolle spielte Luther?

Am 31. Oktober 1517 veröffentlichte der Augustinermönch und Universitätsprofessor zu Wittenberg Martin Luther (1483–1546) seine 95 Thesen gegen den Missbrauch des Ablasses. Er leitete damit eine weit reichende Diskussion über den Ablasshandel ein, der seiner Meinung nach im Widerspruch zur Kirchenlehre stand.

Martin Luther

Dieses Ereignis wird im Allgemeinen als Beginn der Reformation gewertet. Durch das Sakrament der Beichte konnte der gläubige Mensch sein Vergehen – sofern er es bereute – einem Priester beichten. Dieser sprach ihn von der Sünde los, wenn er zu einer Bußtat bereit war. Im Ablass wurde diese Buße jedoch pauschalisiert: Der Sünder erwarb durch den Kauf eines Ablassbriefes das Recht, sich von seinen Sünden lossprechen zu lassen, sogar für sein ganzes Leben, d. h. auch für noch bevorstehende Sünden. Gegen diese Abkehr von der reinen

Lehre wandte sich Luther. Er konnte diese Vorgehensweise v. a. dann nicht mehr mit seinem Gewissen vereinbaren, als der Dominikaner Johannes Tetzel ganz offen den Ablasshandel zur Finanzierung des Baus von St. Peter in Rom missbrauchte. Durch die Einführung des Buchdrucks verbreiteten sich Luthers Thesen rasch unter der Bevölkerung und seine Ideen fanden immer mehr Anhänger. In der Folge spaltete sich die Kirche im Reich. Trotz der Aufforderung zum Widerruf seiner Lehre blieb Luther standhaft. Erst 1555, neun Jahre nach Luthers Tod, verabschiedete König Ferdinand in Augsburg einen unbefristeten Religionsfrieden zwischen den verfeindeten Religionsparteien (*Augsburger Religionsfriede*).

Wie lief die Reformation in anderen Ländern ab?

In Zürich verbreitete Ulrich Zwingli, in Genf Johannes Calvin eine leicht abgewandelte reformatorische Lehre. Zwingli strebte eine religiöse und gesellschaftliche Erneuerung an. Durch Mehrheitsbeschluss wurden im republikanisch regierten Zürich alle Bilder aus den Gotteshäusern verbannt, das herkömmliche Abendmahl abgeschafft und die Predigt in den Mittelpunkt der Messfeier gestellt. Calvin, Sohn eines bischöflichen Notars, war einer der bedeutendsten Schüler Luthers. Die von ihm geprägte *Genfer Kirche* wurde Modell für viele calvinistische Kirchen, nicht nur in der Schweiz, sondern in ganz Westeuropa.

Johannes Calvin

Der Augsburger Religionsfriede

Der Augsburger Reichstag von 1555 beendete die Konflikte zwischen der katholischen Kirche und den neuen christlichen Konfessionen und verabschiedete einen Religionsfrieden, wonach die Untertanen eines Landesherren automatisch dessen Konfession annehmen sollten.

Gab es vorher einen „Religionskrieg"?

Martin Luther hatte Ende 1517 die Reformation eingeleitet und mit seinen Thesen die gesamte offizielle Kirchenlehre von der Mittlerrolle des Priesters und der *Werkgerechtigkeit* (Buße für die Sünde in Form einer guten Tat bis hin zum Kauf eines Ablassbriefes) ins Wanken gebracht. Seine Ideen und Schriften verbreiteten sich rasend schnell, führten aber nach und nach zu einer Zersplitterung der reformatorischen Bewegung. Zwingli in der deutschen und Calvin in der französischen Schweiz griffen die lutherische Lehre auf und entwickelten sie zu eigenständigen Konfessionen weiter. Manche Fürsten waren für die Reformation, andere dagegen, und Kaiser Karl V. – vom Papst ganz zu schweigen – schien ein unüberwindliches Hindernis für diejenigen zu sein, die sich vom katholischen Glauben abwandten. Problematisch waren auch die Auseinandersetzungen zwischen den unterschiedlichen Anhängern der Reformation. Im so genannten *Abendmahlstreit* (1526–1529) beharrte Luther auf der Wandlung von Brot und Wein zu Fleisch und Blut Christi, während Zwingli auf dem Symbolcharakter der Wandlung bestand. Der *Reichstag von Speyer* 1529 hatte den Lutheranern erheblichen Ärger bereitet, weil die Mehrheit der

Reichsstände das Verbreiten der evangelischen Lehre verboten wissen wollte. Vierzehn Reichsstädte und fünf Fürstentümer legten gegen dieses Verbot einen förmlichen Protest ein und zogen sich so den Namen *Protestanten* zu (nach lat. *protestari*: Zeugnis für etwas ablegen). Auf dem *Reichstag von Augsburg* 1530 wurden von den Reichsständen drei verschiedene reformatorische Bekenntnisse vorgelegt, die aber alle von Kaiser Karl V. zurückgewiesen wurden. Die protestantischen Reichsstände bildeten daraufhin 1531 den *Schmalkaldischen Bund* mit einem gemeinsamen Bundesheer und suchten Kontakt zum Ausland.

Was brachte der Augsburger Religionsfriede?

Ein neu einberufener Reichstag 1555 in Augsburg, geleitet von König Ferdinand, zog einen Schlussstrich unter die vergeblichen Bemühungen, im Reich die religiöse Einheit wiederherzustellen. Er orientierte sich dabei an der Realität im Reich – der Koexistenz von römisch-katholischem und lutherischem Glauben – allerdings ohne die Zwinglianer, Calvinisten und andere Gruppen einzubeziehen. Es gab keine allgemeine Religionsfreiheit, sondern es galt das Prinzip *cuius regio, eius religio* (= wessen Herrschaft, dessen Religion). Das bedeutete, dass die Untertanen dem Bekenntnis ihres Landesherren folgen mussten. Andersgläubige Untertanen hatten das Recht auszuwandern. Ein geistlicher Reichsfürst wurde durch einen Konfessionswechsel Privatmann und verlor somit seine geistliche Würde und seine Ämter. Falls in einer freien Reichsstadt beide Konfessionen vorhanden waren, sollte dieser Zustand fortbestehen. Innerhalb der geistlichen Territorien wurden dem Adel und den Städten Glaubensfreiheit zugestanden.

Die Bauernkriege

In den Jahren 1524/25 kämpften unterdrückte Bauern für ihre Rechte sowie für eine bessere wirtschaftliche Stellung. Wegen fehlender Kooperation untereinander und geringer militärischer Möglichkeiten konnten sie sich jedoch nicht gegen die Landesfürsten durchsetzen.

Was war der Hintergrund der Bauernkriege?
Schon seit dem 14. Jh. hatten Bauern Aufstände gewagt, die jedoch von den Landesherren meist im Keim erstickt wurden. Der „kleine Mann" wurde von der Obrigkeit immer stärker unterdrückt und mit Abgaben belastet. Doch die veränderten wirtschaftlichen und gesellschaftlichen Bedingungen des 15. und 16. Jh. hatten das Selbstbewusstsein der Bauern gestärkt, nicht zuletzt durch die beginnende Reformation, die die „evangelische Freiheit des Christenmenschen" verkündete. Luther gab zwar den Fürsten die Hauptschuld für die Unzufriedenheit der Bauern, er war jedoch der Meinung, dass diese kein Recht hatten, ihre Absichten gewaltsam durchzusetzen. In der Mitte des Jahres 1524 verweigerten immer mehr Bauern ihren Grundherren die Abgaben. Schon im August verbündeten sich die aufständischen Schwarzwälder Bauern mit den Bürgern der Stadt Waldshut zur *Evangelischen Brüderschaft*, die ihre Forderungen in alle Richtungen verbreitete und die Bauern dazu aufrief, sich zu organisieren. In ganz Süddeutschland (außer Bayern), in Tirol, in der Steiermark, in Franken und in Thüringen folgten Bauern dem Aufruf und kämpften gegen ihre Unterdrückung. Es bildeten sich immer mehr *Bauernhaufen* (*Haufe* = Gruppe von Bauern in einer Landschaft).

Was war der Auslöser für den großen Aufstand der Bauern?
Im März 1525 versammelten sich die Vertreter der Bauern in Memmingen und präsentierten ihre gemeinsamen Forderungen. In den so genannten *Zwölf Artikeln* forderten sie u. a. die Beseitigung der Leibeigenschaft, erträgliche Zinsen und freie Wahl der Pfarrer durch ihre Gemeinden. Mit langwierigen Verhandlungen wollte der Zusammenschluss der Obrigkeiten, der so genannte *Schwäbische Bund*, die Debatte verzögern – doch die Geduld der Bauern war bereits am Ende: Anfang April 1525 brach der bewaffnete Aufstand in fast allen Gebieten Schwabens und Frankens gleichzeitig los. Viele Klöster und Schlösser gingen in Flammen auf, radikale Bauern in Franken sorgten für die Hinrichtung von 14 Adligen; dabei schlossen sich auch einige Ritter der Sache der Bauern als militärische Führungskräfte an.

Hatten die Bauern mit ihrem Aufstand Erfolg?
Zu Beginn des Aufstandes hatten sie sogar große Erfolge errungen, doch konnten sie nach und nach von den militärisch weit überlegenen Obrigkeiten unterworfen werden. Bereits im Mai 1525 wurde Thomas Münzer mit seinem Bauernheer geschlagen, gefangen genommen, gefoltert und hingerichtet. Auch in anderen Teilen des Reiches wurden die Bauern von Rittern, Fürsten und einem Söldnerheer der schwäbischen Städte niedergeworfen. Mehr als 100.000 Menschen kamen in den Bauernkriegen ums Leben. Durch die Niederlage verschlechterte sich die Lage der Bauern teilweise noch weiter und viele von ihnen wandten sich enttäuscht von der Reformation ab. Die eigentlichen Sieger des Bauernkrieges waren die Landesfürsten, die ihre Macht festigen konnten.

Der Aufstieg des Osmanischen Reiches

Das Osmanische Reich wurde 1301 durch Osman I. gegründet und bestand bis kurz nach dem Ersten Weltkrieg. In seiner Hochphase war es das mächtigste Imperium der Welt.

Wie kam es zum Ausbau des Osmanischen Reiches?

Zu Beginn des 13. Jh. gehörten die späteren Osmanen zum Nomadenstamm der *Oghusen*, wurden aber bald sesshaft. Stammesfürst Osman gründete im Jahr 1301 das nach ihm benannte *Osmanische Reich*. Da der Stamm nicht mehr nur durch die Viehzucht ernährt werden konnte, ging man dazu über, Kriege gegen benachbarte Stämme zu führen. Zur Rechtfertigung bezeichnete man die Feldzüge als *Heilige Kriege* – tatsächlich wurden ausschließlich christliche Gebiete des Byzantinischen Reiches erobert. Gleichzeitig gelang es Osman, viele der turkmenischen Stämme seiner Herrschaft zu unterstellen. Dies geschah jedoch grundsätzlich ohne Gewalt: Man sicherte sich diese Fürstentümer durch Einheirat oder Kauf. Um seine Macht zu festigen, verteilte Osman die neuen Ländereien unter seinen treuen Mitstreitern. Unter seinem Sohn

Mohammed II.

und Nachfolger Orhan wurde 1326 die bedeutsame Stadt Bursa eingenommen und zur Hauptstadt des Osmanischen Reiches erklärt. Im Laufe der nächsten Jahrzehnte eroberten Osmans Nachfahren immer mehr Ländereien und stiegen zu den einflussreichsten Fürsten Anatoliens auf. Durch die militärischen Erfolge wurde das Reich für Krieger verschiedenster Herkunft attraktiv, weswegen sich viele Stämme freiwillig dem Reich anschlossen. Als der größte Eroberer des Reiches wurde Mohammed II. gefeiert. Nach einer zwischenzeitlichen Krise zu Beginn des 15. Jh. erfuhr es unter diesem den Aufstieg zur Weltmacht. Mitte des 16. Jh. erreichte das Osmanische Reich schließlich seine größte Ausdehnung.

Wie ging das Osmanische Reich zugrunde?

1683 war es der osmanische Großwesir Kara Mustafa, der die Osmanen zu einem Ansturm auf Österreich führte. Zunächst sah es so aus, als sollte der Angriff Erfolg haben, denn es gelang, Wien einzuschließen. Das Blatt wendete sich jedoch, als die Habsburger militärische Unterstützung durch Polen erhielten. Wien wurde gerettet. Diese Niederlage hatte schwer wiegende Konsequenzen für das Reich der Osmanen. Die *Heilige Liga* drängte die Osmanen in ganz Europa zurück. Nacheinander verloren sie Ungarn, Siebenbürgen und die Krim. Die immer stärker werdende Liga schreckte daraufhin auch nicht mehr vor einem Angriff auf das Territorium des Osmanischen Reiches zurück. Auch wirtschaftliche Probleme traten auf: Durch die Entdeckung Amerikas verlagerte sich der Handel in Richtung Atlantik und kostete den Mittelmeerraum wirtschaftliche Bedeutung. Das Ende des Reiches kam im Jahr 1922 mit der Abschaffung des Sultanats.

Die Türkenkriege

Als Türkenkriege bezeichnet man die Kriege der christlichen Staaten Europas gegen das muslimische Osmanische Reich vom 16. bis ins 18. Jh., die mit dem Frieden von Sistova ein Ende fanden.

Wie mächtig waren die Türken zu jener Zeit?

Während der Regierungszeit des Sultans Orhan drangen die Türken Mitte des 14. Jh. bis nach Europa vor. Nach einer Reihe von Eroberungen stürmten die Truppen des türkischen Sultans Mohammed II. im Mai 1453 die Stadt Konstantinopel, 1521 wurde Belgrad erobert und 1526 fiel ein osmanisches Heer in Ungarn ein. Das Osmanische Reich hatte damit die Ausmaße des ehemaligen Byzantinischen Reiches angenommen.

Warum wurden die Kriege geführt?

Wenn man die Kriege der christlichen Staaten in Europa gegen das Osmanische Reich betrachtet, sieht man, dass das religiöse Motiv, das noch in den Jahrhunderten zuvor zu den Kreuzzügen geführt hatte, im Verlauf der Kriege immer mehr in den Hintergrund trat. Je näher die Türken den europäischen Staaten kamen, desto stärker wurden territoriales Anspruchsgedanken und Eroberungsabsichten, weshalb sich Frankreich auch 1536 mit den Osmanen gegen Kaiser Karl V. verbündete.

Wer kämpfte in den Kriegen?

Im 1. Türkenkrieg von 1529–1568 kämpfte Habsburg um Ungarn, musste dabei aber eine empfindliche Niederlage ein-

stecken und sah die Türken schließlich vor den Toren Wiens, ehe 20 Jahre später große Teile Ungarns und Siebenbürgen offiziell zum Osmanischen Reich gehörten. An lokalen Grenzkämpfen entzündete sich unter Kaiser Rudolf II. der 2. Türkenkrieg, der von 1592–1606 währte. In ihm wurde die bisher unbesiegbar scheinende Türkenmacht gebrochen.
Für die nächste Auseinandersetzung war wieder einmal ein Territorialanspruch der Auslöser. Im Jahr 1660 wollten sowohl die Türken als auch Kaiser Leopold I. (1658–1705) ihre eigenen Favoriten auf dem Thron Siebenbürgens sehen. Siebenbürgen blieb nach dem *Frieden von Eisenburg* 1664 in türkischer Hand. Fast 20 Jahre später waren Unruhen in Ungarn Anlass für einen erneuten, den 4. Türkenkrieg: Im Verlauf der nächsten 16 Jahre kam es zur zweiten Belagerung Wiens und zum Bündnis Frankreichs mit den Osmanen auf der einen und dem Bündnis der anderen westlichen Staaten auf der anderen Seite. 1697 wurden die Türken schließlich vernichtend geschlagen und mussten im *Frieden von Karlowitz* 1699 sowohl den größten Teil des von ihnen beherrschten Ungarn als auch Siebenbürgen abtreten.
Obwohl die Peloponnes, der Auslöser des 5. Türkenkrieges von 1716–1718, in osmanischer Hand blieb, mussten die Türken Teile Bosniens und Serbiens an Österreich abtreten. Einen Teil der Gebiete konnten sie im 6. Türkenkrieg von 1737–1739 zurückerobern. Die gleiche Konstellation an Krieg führenden Parteien ergab sich dann auch 50 Jahre später, als das Osmanische Reich erneut Landstriche und Städte an seine Gegner verlor. Der letzte Türkenkrieg endete damit, dass Österreich und Russland fast alle besetzten Gebiete im *Frieden von Sistova* 1791 wieder zurückgaben.

Die Entstehung überseeischer Handelsreiche

Nach der Entdeckung neuer Märkte im Fernen Osten sowie im Westen und der Etablierung fester Handelsposten gelangten die Küstenländer Europas durch verstärkten Handel zu aufstrebendem machtpolitischen Einfluss.

Welche Grundlagen besaßen die Handelsreiche?

Nachdem der Seeweg nach Indien gesucht, gefunden und ausgebaut worden war sowie Versorgungsstationen und Handelsstützpunkte an den Küsten Afrikas errichtet worden waren, konnte der europäische Seehandel immens vorangetrieben und geografisch ausgebaut werden. Bestehende Handelsabkommen zwischen Ländern einer Region wurden von den Europäern torpediert und übernommen, sodass schon bald viel mehr Waren benötigt wurden, als die tatsächlich vorhandenen Arbeiter produzieren konnten. Die Lösung sah man in der Mitnahme von Sklaven aus Afrika, die zur Arbeit auf Plantagen in Europa und v. a. in der Neuen Welt eingesetzt wurden. Eine Weltwirtschaft entstand, in der die europäischen Seestaaten eine führende Rolle spielten.

Was war das so genannte „atlantische System"?

Es handelte sich dabei um ein Wirtschaftssystem, das im Raum des Atlantischen Ozeans etabliert wurde. Dort entstand ein Handelsdreieck, an dessen Ecken Afrika, Amerika und Europa standen. In Amerika gab es Rohstoffe – z. B. Gewürze, Kaffee oder Zuckerrohr – die angebaut werden konnten, in Afrika Menschen, die in Amerika die Gewürze und den Kaffee anbauen konnten –

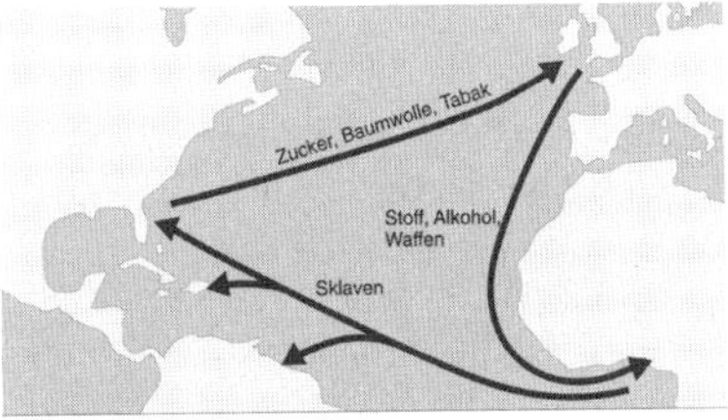

Karte: Sklavenhandel

zunächst freiwillig, später als Sklaven. Und in Europa stand das Geld bereit, mit dem Menschen aus Afrika nach Amerika transportiert werden konnten und mit dem dort Plantangen erworben sowie der Transport der Waren von Amerika nach Europa finanziert werden konnte. Das *atlantische System* war einer der Motoren der frühen Weltwirtschaft. Die Menschen dachten plötzlich in neuen Begriffen und größeren Maßstäben, woraus sich letztendlich innerpolitisches Umdenken ableitete und somit die Grundlagen für die später erfolgende *industrielle Revolution* geschaffen wurden.

Profitierten die deutschen Staaten von der Entwicklung?

Nachdem Seemächte wie Großbritannien im 15. Jh. den Untergang der Hanse eingeleitet und besiegelt hatten, gewannen die süddeutschen Händler an Macht, die sie dazu nutzten, sich an Expeditionen anderer Länder zu beteiligen oder eigene kleine Schiffe zu bauen. Die Augsburger Handelsfamilien Fugger und Welser schlossen mit Spanien einen Vertrag, der es ihnen erlaubte, mit den spanischen Kolonien Handel zu treiben. Die deutschen Staaten selbst mieden hingegen die Meere. Sie unterhielten keine Kriegsflotte, bemühten sich nicht um neue Kolonien und nahmen sich kein Beispiel an den deutschen Handelsfamilien. Erst 1852 baute sich Preußen eine eigene Kriegsflotte auf.

Der Dreißigjährige Krieg

1618 hatte der Dreißigjährige Krieg als Auseinandersetzung zwischen den Konfessionen begonnen, breitete sich dann rasch aus und endete im Jahre 1648 als europäischer Krieg.

Was waren Hintergrund und Anlass des Krieges?

Seit der Reformation war das *Heilige Römische Reich Deutscher Nation* in zwei Konfessionen gespalten, was nicht zuletzt den deutschen *Partikularismus* verstärkte. 1617 wurde Erzherzog Ferdinand böhmischer König. Der zur Gegenreformation entschlossene Katholik stieß auf den Widerstand der protestantischen Böhmen. Empörte Repräsentanten und Anhänger der böhmischen Stände stürmten 1618 die Prager Burg und stürzten die kaiserlichen Statthalter aus dem Fenster. Nach diesem so genannten *Prager Fenstersturz* wurde Friedrich V. von der Pfalz, Führer der *protestantischen Union*, zum Nachfolger Ferdinands gewählt.

Wie verlief der Krieg?

Bald weitete sich der böhmische Aufstand auf das gesamte Reich aus. Der 1619 zum Kaiser gewählte Ferdinand II. verbündete sich mit den Staaten der *katholischen Liga* gegen Friedrich V. Nach Ferdinands Sieg wurde der Protestantismus in den österreichischen Erblanden unterdrückt. Rekatholisierungsversuche in Norddeutschland veranlassten Christian IV. von Dänemark in den Krieg einzugreifen – verbündet mit den Ständen des niedersächsischen Kreises, unterstützt von England und Generalständen. Die katholischen Feldherren Wallenstein und Tilly erkämpften zahlreiche Siege, bis der dänische König 1629 im *Frieden von Lübeck* seine Intervention beendete. Der Kaiser erließ das *Restitutionsedikt*, das den deutschen Protestantismus zu vernichten drohte. Beunruhigt durch die kaiserliche Machtstellung bis zur Ostsee landete König Gustav Adolf von Schweden 1630 auf Usedom. Nach anfänglichen Erfolgen wurde der schwedische König von Wallenstein geschlagen und fiel 1632 in der *Schlacht bei Lützen*. Eigenmächtige Verhandlungen Wallensteins mit den Schweden führten später zu seiner Ächtung durch den Kaiser. 1634 wurde Wallenstein ermordet. 1635 schlossen die protestantischen Stände und der Kaiser Frieden. Dies widerstrebte dem auf ein zerstrittenes Deutsches Reich bedachten Frankreich. Gemeinsam mit Schweden wurde der Kampf gegen den Kaiser fortgesetzt.

Wie endete der Krieg?

Erst 1648 beendete der *Westfälische Friede* den Krieg. Deutschland hatte etwa 40 % seiner Bevölkerung verloren. Zahlreiche Städte waren zerstört und die Wirtschaft stark geschädigt. Die neuen Vereinbarungen förderten den Partikularismus und den Einfluss fremder Mächte in Deutschland.

1618	Prager Fenstersturz
1618-1623	Böhmisch-Pfälzischer Krieg
1625-1629	Niedersächsisch-Dänischer Krieg
1630-1635	Schwedischer Krieg
1635-1648	Schwedisch-Französischer Krieg
1648	Westfälischer Friede

Der Absolutismus

Der französische König Ludwig XIV. schuf diese radikale Form der Monarchie, die zum Vorbild der Fürsten und Könige in ganz Europa wurde. Im Absolutismus lief die gesamte Macht des Reiches auf eine Person – den absoluten Monarchen – zu.

Was bedeutet Absolutismus?

Der Charakter des Absolutismus lässt sich am besten an der Innenpolitik Ludwigs XIV. ablesen. Ludwig, der 1643 als Kind auf den französischen Thron kam, übernahm 1661 die Regierungsgeschäfte und damit zum Erstaunen seiner Minister und gegen die Tradition die gesamte Verantwortung im Staat. Er kontrollierte alles. Er stand im Zentrum der Macht und betrachtete sich selbst als Stellvertreter Gottes – weder der Kirche noch dem Volk Rechenschaft schuldig (*Gottesgnadentum*). Diese diktatorische Machtanmaßung traf auf den erbitterten Widerstand des Adels, der während der Regierungszeit Ludwigs XIV. elf Bürgerkriege anzettelte. Er aber lud die Aufständischen an seinen Hof ein. Dort überhäufte er sie mit Spielen, Tänzen und Festen. Eigens zu diesem Zweck ließ er die Schlossanlagen von Versailles errichten. Indem sich die Adligen vom königlichen Glanz korrumpieren ließen, büßten sie ihre Machtstellung in der Politik des Landes ein.

Welche Außenpolitik betrieb Ludwig XIV.?

Frankreichs Außenpolitik unter Ludwig XIV. war von andauernden Kriegen geprägt. Wie seine Vorgänger wollte Ludwig Frankreich von der habsburgischen Umklammerung im Westen und

Ludwig XIV

Osten befreien und strebte darüber hinaus die Hegemonie in Europa an. Der Krieg gegen Holland endete 1678 mit dem *Frieden von Nimwegen* und Ludwigs größtem außenpolitischen Triumph: Er annektierte die mit den Niederlanden verbündete Freigrafschaft Burgund und Lothringen. Zudem besetzte Ludwig in den folgenden Jahren Luxemburg und Straßburg. Nach Beendigung des von Ludwig vom Zaun gebrochenen Pfälzischen Erbfolgekrieges musste er im *Frieden von Rijswijk* 1697 erstmals territoriale Verluste hinnehmen. Im *Spanischen Erbfolgekrieg* (1701–1713) wollte Ludwig Spanien und Frankreich zu einer Supermacht vereinen und provozierte eine umfassende Gegenallianz. Im *Frieden von Utrecht* im Jahr 1713 blieb Frankreich bei der Verteilung des spanischen Reiches außen vor und war politisch wie wirtschaftlich erschöpft.

Was versteht man unter Merkantilismus?

Als *Merkantilismus* bezeichnet man wirtschaftspolitische Maßnahmen des Absolutismus, die v. a. die Einnahmen der Staatskasse steigern sollten. Darunter fielen die Abschaffung von Zöllen innerhalb eines Landes, das Verbot, Rohstoffe ins Ausland zu exportieren, die Gründung von Handelskompanien, die Förderung von Manufakturen und Arbeitshäusern und die Anwerbung von ausländischen Facharbeitern.

Der Spanische Erbfolgekrieg

Der Spanische Erbfolgekrieg wuchs sich rasch zu einem internationalen Konflikt aus, den Bayern an der Seite Frankreichs gegen eine Koalition von Österreich, England, Holland und anderen Staaten führte.

Wie kam es zum Spanischen Erbfolgekrieg?

Der spanische König Karl II. aus dem Hause Habsburg blieb ohne männlichen Nachkommen und bestimmte 1698 den Sohn des bayerischen Kurfürsten, Joseph Ferdinand, zum Universalerben des spanischen Reiches. Dieser starb jedoch im Jahr darauf, sodass Karl II. 1701 den Bourbonen Philipp von Anjou zum Erben erwählte. Die Bourbonen regierten zu jener Zeit jedoch schon in Frankreich und hätten nun ein Weltreich aufbauen können. Besonders Österreich und England waren zutiefst besorgt darüber und gründeten mit einigen anderen Staaten die *Große Allianz*, um den nahenden Machtzuwachs Frankreichs zu verhindern.

Wie verlief der Krieg?

Obwohl Frankreich und Bayern zusammen erste Erfolge auf dem Schlachtfeld verzeichnen konnten, kam die englisch-österreichische Dominanz mit der Zeit immer stärker zum Tragen. Nach der *Schlacht bei Höchstädt* im Jahr 1704, bei der Frankreich und Bayern nicht nur geschlagen wurden, sondern in deren Folge sich Frankreich aus den deutschen Staaten und Italien komplett zurückziehen musste und Bayern zur Besatzungszone wurde, konzentrierten sich die Kämpfe auf Spanien. Dort besaß Frankreich mehr Kriegsglück und kontrollierte nach mehreren Siegen im Jahr 1707 zum großen Teil das Land. Zwar bat Frankreich mehrmals um einen Frieden, dieser kam aber nie zu Stande, da sich König Ludwig XIV. weigerte, an der Seite der Allianz gegen seinen Enkel Philipp Krieg zu führen.

Wie wurde der Krieg entschieden?

Als der Habsburger Kaiser Joseph I. 1711 starb, folgte ihm sein Bruder Karl VI. auf den Thron. Der war schon acht Jahre zuvor als offizieller Gegenkönig zu Philipp V. von Spanien ausgerufen worden und wollte diesen Anspruch auf den spanischen Thron auf jeden Fall durchsetzen. Das bedeutete: Würden England und Holland den Krieg verlieren, würde Frankreich über Spanien herrschen. Würden sie den Krieg gewinnen, würde Österreich über Spanien herrschen. So oder so: Das Kräfteverhältnis in Europa, die so genannte *Balance of Power*, würde kippen. Als Konsequenz aus dem Anspruch Karls auf den spanischen Thron folgte daher der Rückzug Englands und Hollands aus dem Krieg. Frankreich sah sich nun einzelnen Gegnern gegenüber, von denen sich die meisten um Friedensverhandlungen bemühten. Das Ergebnis war der *Friede von Utrecht* (1713), der aus neun verschiedenen Friedensschlüssen bestand, und in dem Philipps Thronanspruch akzeptiert, aber Frankreich gleichzeitig eine gemeinsame Herrschaft über beide Staaten untersagt wurde. Karl VI. setzte auf eigene Faust den Krieg gegen Frankreich und Spanien fort. Als Frankreich die Oberhand gewann, entschloss sich auch Karl zu zögerlichen Verhandlungen, die 1714 zum *Frieden von Rastatt und Baden* führten. Dieser brachte Karl VI. einigen territorialen Gewinn: Die spanischen Niederlande, Mailand, Mantua, Neapel und Sardinien wurden Österreich zugesprochen.

Die Aufklärung

Gegen Ende des 17. Jh. entstanden in England, Holland und Frankreich neue geistige Strömungen, die sich auf weite Teile Europas ausbreiteten, die Macht der Kirchen schwächten, für eine Reformierung des Bildungswesens sorgten und die Wirtschaft ankurbelten.

Wodurch wurde die Aufklärung vorangetrieben?

Vorbilder der Aufklärung waren der englische *Empirismus*, der durch Francis Bacon, Thomas Hobbes, John Locke und David Hume in die Welt gerufen wurde, sowie der französische *Rationalismus*, den René Descartes und der Schriftsteller Voltaire vertraten. Beide Richtungen postulierten, dass die menschliche Vernunft durch logische Schlüsse und empirische Erfahrungen jegliches Problem lösen könne. Diese Ideen wurden in Deutschland durch Denker wie Immanuel Kant (1724-1804) unter dem Begriff der *Aufklärung* aufgegriffen. Die Verfechter der Aufklärung wollten das Prinzip des *gottgewollten Feudal- und Ständesystems* durch eine gleichberechtigte Vernunft des Denkens ersetzen. Sie forderten die Gleichheit der Menschen sowie Menschenrechte für alle und stellten die menschliche Vernunft über den Glauben. Nach Kant

René Descartes

ist die Aufklärung *der Ausgang des Menschen aus seiner selbstverschuldeten Unmündigkeit*. Der Mensch soll hergebrachte Traditionen, religiöse Dogmen, kirchliche und staatliche Autoritäten mit seinem Verstand durchleuchten. Gebote können nur dann als sittlich tragbar angesehen werden, wenn sie frei von persönlichem Nutzen sind.

Wie reagierte die Kirche?

Der Katholizismus gab unter dem Druck der aufklärerischen Denker und ihrer stetig wachsenden Anhängerschar nach, und in vielen europäischen Ländern lockerte sich die dogmatische Strenggläubigkeit. Man sah in der Religion selbst keinen Feind, nur in den absoluten Vorgaben der Institution Kirche. Auf diese Weise verlor die Kirche an Autorität, da sie dem freien Denken Grenzen setzte. Die Zeit des so genannten *aufgeklärten Absolutismus* brach an: Das Königtum selbst wurde zwar anerkannt, nicht aber der Anspruch bestimmter Personen, es als von Gott übertragen zu betrachten und als absolute Herrscher zu regieren.

Welche Auswirkungen hatte die Aufklärung?

Mit der Aufklärung setzte die Emanzipation des Bürgertums ein. Die Aufklärer waren davon überzeugt, dass der Fortschritt der Menschheit auf der Bildung und Erziehung jedes Einzelnen beruhe. Aus diesem Denken resultierten schließlich die Einführung der allgemeinen Schulpflicht und die Reformierung des damals bestehenden Schulwesens. Die wichtigste Neuerung war die Abkehr vom mechanischen Auswendiglernen und die Einführung des so genannten *verstehenden Lernens*.

Reformen unter Friedrich dem Großen und Maria Theresia

Friedrich der Große von Preußen und Maria Theresia von Österreich führten unter dem Eindruck der Aufklärung weit reichende Reformen durch, die das absolutistische durch das so genannte aufgeklärte Königtum ersetzten (aufgeklärter Absolutismus). Zur selben Zeit begann sich eine Rivalität zwischen den beiden Staaten – der so genannte Dualismus – herauszubilden.

Wie kam es zur Rivalität zwischen Preußen und Österreich?

Als Maria Theresia 1740 den Thron des Habsburgerreiches bestieg, handelte es sich um einen höchst strittigen Vorgang. Denn nach deutschem Lehnsrecht gab es eigentlich gar keine weibliche Erbfolge. Preußen war zum zeitgleichen Regentschaftsantritt durch Friedrich II. mit einer schlagkräftigen Armee ausgestattet. Zwar konnte Friedrich selbst keine Ansprüche auf den habsburgischen Thron geltend machen, aber die österreichische Bedrängnis ließ eine politische Erpressung zu: Der preußische König ließ Maria Theresia wissen, dass er die Unverletzlichkeit ihrer übrigen Erblande nur dann garantiere, wenn sie ihm Schlesien abtrete. Sie lehnte ab und so kam es zu zwei Kriegen um die österreichische Provinz. Aus beiden ging Preußen als Sieger hervor und besaß fortan Schlesien.

Was wurde in den beiden Staaten reformiert?

Friedrich II. galt durch seine von Denkern der französischen Aufklärung beeinflusste Bildung als Vertreter eines humanitären Idealismus. Er strebte daher bestimmte Reformen an: Abschaffung der

Folter als Beweismittel im Strafprozess, Lockerung der Pressezensur und Glaubensfreiheit. Der Monarch trieb den Ausbau seiner Armee weiter voran. Daneben wurden Maßnahmen in Angriff genommen, die auf einen inneren Ausbau des Landes abzielten: Kanalbauten, Trockenlegung von Sümpfen, Förderung der Manufakturen, gezielte Einwanderungspolitik, Reformierung des Rechtswesens. Aufsehen erregend waren dabei der Bau der ersten katholischen Kirche in Berlin, die Entwässerung des Oderbruchs sowie die Einführung einer klaren Gerichtsverfassung.
Alle diese Neuerungen stabilisierten Preußen im Inneren und machten es nach außen schlagkräftiger. Maria Theresia war ihrerseits durch die beiden verlustreichen Kriege dazu gezwungen, eine umfassende Staatsreform durchzuführen. Sie modernisierte die Verwaltung, das Rechts- sowie das Schulwesen. Die österreichisch-böhmische Reichshälfte wurde in einen fortschrittlichen Beamtenstaat umgewandelt. Im Bereich des Rechtswesens war die Einführung eines einheitlichen Strafgesetzes geradezu revolutionär. Des Weiteren wurden zahlreiche Schulen und Akademien gegründet, um die Volksbildung zu stärken und die Wirtschaft anzukurbeln.

Friedrich II. der Große

1740 Thronbesteigung Friedrichs II.

1740–1748 1. und 2. Schlesischer Krieg.

1747–1753 Beginn der Trockenlegung des Oderbruchs.

1756–1763 Siebenjähriger Krieg.

1769 In Potsdam wird nach sechs Jahren der Bau von Schloss Sanssouci beendet.

1786 Friedrich der Große stirbt in Potsdam. Sein Neffe Friedrich Wilhelm II. wird neuer König der Preußen.

Der Amerikanische Unabhängigkeitskrieg

Die Amerikanische Unabhängigkeitserklärung vom 4. Juli 1776 beendete eine über viele Jahre andauernde Entwicklung, in der die amerikanischen Kolonien ihre Unabhängigkeit vom Mutterland England anstrebten und schließlich auch erreichten.

Wie lebten die Kolonisten?

Die Europäer gewannen in Amerika billige Rohstoffe, die sie in Fabriken verarbeiten und schließlich wieder exportieren konnten. Darunter zu leiden hatte die amerikanische Bevölkerung, die die Rohstoffe billig veräußern und die englischen Fertigwaren teuer einkaufen musste. Der *Britisch-Französische Kolonialkrieg* in Nordamerika führte zwar zum Abzug der französischen Truppen, hatte jedoch eine hohe Verschuldung Englands zur Folge, weshalb die Krone in ihren amerikanischen Kolonien höhere Steuern durchsetzen wollte. Gegen diese neuen Steuergesetze, die ihr Recht auf Selbstverwaltung verletzten, leisteten die Kolonisten jedoch heftigen Widerstand und weigerten sich, Steuern an ein Parlament zu zahlen, in dem sie selbst nicht vertreten waren (*No taxation without representation*). Da England den Kolonien dieses Recht verweigerte, kam es vermehrt zu Unruhen. Der Konflikt gipfelte in der *Boston Tea Party*, als die Engländer 1773 einen Zoll auf Tee erhoben. Eine Gruppe Kolonisten warf daraufhin 50 Ballen Tee von englischen Handelsschiffen ins Bostoner Hafenbecken.

Wie reagierten die Kolonien auf die neuen Steuern?

Zur Überraschung Englands schlossen sich die Kolonien, die nun ihre gewohnte Freiheit und ihr Recht auf Selbstbestimmung bedroht sahen, zusammen. 1774 tagte in Philadelphia der so genannte *Erste Kontinental-Kongress* mit den Abgeordneten aller 13 Kolonien. Die Abgeordneten gründeten zwar eine eigene Kontinentalarmee, bemühten sich jedoch v. a. um eine friedliche Lösung. Erste kleine Kämpfe rund um Boston deuteten jedoch auf das Scheitern aller Verhandlungen und einen nahen Krieg hin. Am 4. Juli 1776 erklärte der *Zweite Kontinental-Kongress* unter dem Vorsitz von John Hancock die Unabhängigkeit der Vereinigten Staaten von Amerika. George Washington wurde zum Oberbefehlshaber der Kontinentalarmee gewählt. Daraufhin trafen die britischen Verstärkungstruppenen bei New York ein. Sie drängten die amerikanischen Truppen zurück, und das Ende des jungen Staates schien bereits gekommen, als ein Überraschungsangriff am Weihnachtsabend des Jahres 1776 die britischen Einheiten in die Flucht schlug. Als sie ab 1779 zudem noch die Unterstützung Frankreichs erhielten, waren die Amerikaner klar im Vorteil. Mitte August des Jahres 1781 entschlossen sich Amerika und Frankreich zu einem Angriff gegen die königstreue Stadt Yorktown. Eine Belagerung folgte, bis die Briten schließlich kapitulierten. Dieser Termin gilt zwar als das inoffizielle Ende des Krieges, dennoch vergingen rund zwei Jahre, bis Großbritannien 1783 im *Frieden von Versailles* die Unabhängigkeit der amerikanischen Staaten anerkannte.

George Washington

Die Französische Revolution

Die Französische Revolution löste den Absolutismus als Staatsform in Frankreich ab und schuf den ersten demokratischen Staat im Europa der Neuzeit. Sie wurde zudem Vorbild für demokratische Revolutionen in anderen Ländern des Kontinents.

Wo lagen die Probleme Frankreichs am Vorabend der Revolution?

Der Absolutismus hatte sich überlebt und schien der Zeit nicht mehr angemessen zu sein. Alle gesellschaftlichen Gruppen waren mit dem System unzufrieden und forderten Reformen. Ständig steigende Ausgaben hatten zum Staatsbankrott unter König Ludwig XVI. (1774–1792) geführt. Ein neues Steuersystem sollte Abhilfe schaffen. Dazu brauchte der König allerdings einen Beschluss der Generalstände, also der Vertreter von Adel, Klerus und Bürgertum.

Wie kam es zum Ausbruch der Revolution?

Die Generalstände, die von den Monarchen nicht mehr in die Regierungsgeschäfte einbezogen worden waren, hat man 1789 nach über 170 Jahren zum ersten Mal wieder einberufen. Finanzminister Jacques Necker (1732–1804) erreichte zudem eine Verdopplung der Abgeordneten des *Dritten Standes* (= Bürgertum). Die Abgeordneten der Versammlung berieten jedoch nicht mehr über eine Steuerreform, sondern setzten sich mit dem *Ballhausschwur* am 20. Juni 1789 das Ziel, dem Land eine Verfassung zu geben. Die Vertreter der Generalstände hatten sich damit zur verfassungsgebenden Nationalversammlung erklärt.

Was geschah beim Sturm auf die Bastille?

Weil König Ludwig XVI. als Reaktion auf das Verhalten der Nationalversammlung Truppen um Paris zusammenzog, stürmten die Bürger der Stadt am 14. Juli 1789 die Bastille, das politische Gefängnis von Paris, das als Symbol der Unterdrückung galt. Das königliche Heer löste sich auf, und La Fayette (1757–1834) bildete eine Nationalgarde, die eigentlich eine Bürgermiliz mit blau-weiß-roter Uniform war. Der 14. Juli ist seitdem französischer Nationalfeiertag.

Emblem der Französischen Revolution

Was passierte im Sommer 1789?

Als Reaktion auf den *Sturm auf die Bastille* erhoben sich die Bauern überall im Land gegen ihre adligen Grundherrn. Die Nationalversammlung schaffte daraufhin die Feudalordnung ab und machte aus dem *Ständestaat* formal einen *Klassenstaat*, in dem jeder Zugang zu allen Ämtern und Berufen haben sollte. Am 26. August 1789 proklamierte die Nationalversammlung die *Erklärung der Menschenrechte*.

Wie entstand die Verfassung von 1791?

In der Folgezeit bildeten sich verschiedene Parteien (Clubs), die ihre politischen Ideen in die geplante Verfassung einbringen wollten. Der Kompromiss, den sie schließlich aushandelten, wurde am 3. September 1791 als offizielle Verfassung verkündet. Frankreich wurde eine *konstitutionelle Monarchie* mit starker gesetzgebender Versammlung. Diese Verfassung wurde Vorbild aller bürgerlichen Verfassungen im Europa des 19. Jh.

Was geschah mit dem König?

Im Juni 1791 versuchte Ludwig XVI. aus Frankreich zu fliehen. Er wurde jedoch erkannt und nach Paris zurückgebracht. In der Verfassung von 1791 war der König zwar weiterhin Staatsoberhaupt, allerdings ohne die alten weit reichenden Machtbefugnisse. Angestachelt durch einen Aufruf zur Befreiung des Königs im Manifest des Herzogs von Braunschweig kam es am 10. August 1792 zum *Sturm auf die Tuilerien*, den Stadtpalast des Königs. Ludwig XVI. konnte sich zwar in die Nationalversammlung retten, diese setzte den König jedoch ab und rief im September 1792 die *Republik* aus. Im Herbst 1792 wurde dem *Bürger Capet* – wie Ludwig XVI. nunmehr genannt wurde – der Prozess gemacht. Mit einer Stimme Mehrheit wurde er am 17. Januar 1793 zum Tod verurteilt und vier Tage später mit dem Fallbeil – der Guillotine – hingerichtet.

Wer bildete die Schreckensherrschaft?

Im *Konvent* – wie die Nationalversammlung seit Herbst 1792 hieß – bekämpften sich die Vertreter der unterschiedlichen Parteien. Im Juli 1793 stürzten die *Jakobiner* unter Robespierre (1758–1794) ihre Gegner, die *Girondisten*, und errichteten eine *Diktatur*. Der im April gegründete *Wohlfahrtsausschuss* erhielt sämtliche Befugnisse im Staat, die Gewaltenteilung war damit aufgehoben. In ganz Frankreich unterdrückten die Jakobiner den politischen Widerstand, viele Menschen wurden hingerichtet. Darunter waren auch zahlreiche von denen, die einige Jahre zuvor die Revolution eingeleitet hatten.

Wie wurde die Diktatur überwunden?

Als die Jakobiner umfangreiche „Säuberungen" in den eigenen Reihen vornahmen und sich in der Rechtsprechung auf „moralische Beweise" stützten, schlossen sich im Juli 1794 alle politischen Gruppierungen des Konvents zusammen und stürzten Robespierre. Er und 21 seiner Anhänger wurden unter dem Beifall der Pariser Bürger hingerichtet.

Wie viele Verfassungen wurden entwickelt?

Nach der bürgerlichen Verfassung von 1791 gab es eine zweite, radikaldemokratische Verfassung von 1793 (*Konventsverfassung*), die jedoch nicht in Kraft treten konnte. Nach der Befreiung von der Diktatur wurde im September 1795 eine dritte Verfassung verabschiedet, die sich in Vielem an die Verfassung von 1791 anlehnte. Allerdings war aus der *konstitutionellen Monarchie* von damals nunmehr eine *Republik* geworden.

5. Mai 1789	Einberufung der Generalstände
20. Juni 1789	Ballhausschwur
14. Juli 1789	Sturm auf die Bastille
26. August 1789	Erklärung der Menschenrechte
3. September 1791	Verkündung der 1. Verfassung
10. August 1792	Sturm auf die Tuilerien
September 1792	Ausrufung der Republik
21. Januar 1793	Hinrichtung Ludwigs XVI.
Juli 1793	Diktatur des Robespierre
27./28. Juli 1794	Sturz Robespierres
September 1795	Verkündung der 3. Verfassung

Aufstieg und Gesetzgebung Napoleons

Napoleon I., der als einer der größten Militärstrategen aller Zeiten gilt, war zeitweilig der mächtigste Mann Europas. Mit dem Code Civil hatte er ein neuartiges Gesetzbuch erlassen, das zur Grundlage der modernen Rechtsprechung wurde.

Wie wurde Napoleon zum mächtigsten Mann Europas?

Seine militärischen Erfolge brachten dem Offizier Napoleon das Vertrauen seiner Vorgesetzten ein und machten ihn gleichzeitig zum Volkshelden. Er wurde zum Oberbefehlshaber der französischen Streitmächte in Italien ernannt. Die Machthaber in Paris bekamen allerdings mit der Zeit Sorge wegen seines Machthungers. Sie schickten ihn deswegen in eine sinnlose Schlacht nach Ägypten, in der die französische Flotte nach anfänglichen Erfolgen von den englischen Truppen unter Admiral Nelson besiegt wurde. Bei seiner Rückkehr nach Frankreich hatten Kriege und Revolution den Staat in den Ruin getrieben, das Volk sehnte sich nach Jahren des Bürgerkriegs nach Ruhe. Napoleon stürzte das

Napoleon in der Schlacht bei Wagram

herrschende *Direktorium* und setzte sich an die Spitze einer provisorischen Regierung. Nach fünf Jahren als *Erster Konsul* krönte sich Napoleon selbst zum *Kaiser* und eroberte halb Europa.

Wie kam es zu Napoleons Niedergang?
Die Zeit seiner glanzvollen Siege hielt bis ins Jahr 1812 an. Mit dem Russlandfeldzug beging Napoleon jedoch einen verhängnisvollen Fehler: Gerade einmal vier Prozent des Regiments kehrten nach Paris zurück. Es folgten weitere Niederlagen, die den Unmut des zermürbten Volkes noch steigerten. Napoleons Gegner spürten seine Schwäche und den fehlenden Rückhalt im Volk. Das Ende kam 1813 mit der *Völkerschlacht bei Leipzig*. Napoleon musste aufgrund der Niederlage gegen die Koalition der europäischen Mächte abdanken (1814). Das Bourbonische Königtum wurde wieder eingesetzt. Nach einer überraschenden Rückkehr Napoleons an die Spitze Frankreichs versuchte er noch einmal, seine Herrschaft zu festigen (*Herrschaft der Hundert Tage*). Die berühmte Niederlage bei Waterloo (Juni 1815) setzte Napoleons Herrschaft ein endgültiges Ende.

Der *Code Civil* war ein unter Napoleon entwickeltes Regelwerk und das erste bürgerliche Gesetzbuch. Mit ihm wurden die Rechte der Bürger definiert und gleichzeitig die Privilegien des Adels eingeschränkt. Ein wichtiges Element war der Gedanke der Gleichheit aller Menschen. Allerdings waren die Frauen davon noch ausgeschlossen. Während Napoleons Herrschaft verbreitete sich das Gesetz in ganz Europa und wurde so zur Grundlage der heutigen Justiz.

Die Napoleonischen Kriege

Als Napoleonische Kriege bezeichnet man die bewaffneten Konflikte zwischen Frankreich und den europäischen Staaten, die sich ab 1808 gegen Napoleons Herrschaft auflehnten.

Welche Machtverhältnisse herrschten vor den Kriegen?
Napoleon war als *Kaiser von Frankreich* der mächtigste Mann in Europa und hatte in den *Koalitionskriegen* beinahe alle europäischen Staaten unterworfen. Die einzige Nation, die ihm noch Widerstand leistete, war England. Militärisch war das Königreich nicht zu besiegen, also entschied sich Napoleon 1807 zu einer *Kontinentalsperre* gegen die Briten. Das bedeutete, dass kein europäisches Land mit England Handel treiben durfte. Mit dieser Maßnahme wollte Napoleon das britische Königreich in den finanziellen Ruin stürzen.

Wie kam es zum Ersten Napoleonischen Krieg?
Die Verbreitung napoleonischer Ideale durch die französische Verwaltung und den *Code Civil* führte zu unerwarteten Problemen. Die unterworfenen Länder entwickelten durch sie ein neues Selbstbewusstsein. Dieses kam etwa 1808 in Spanien zum Ausdruck, als Napoleon den spanischen Machthaber Fedinand absetzte und seinen Bruder Joseph Bonaparte auf den Thron setzte. Das spanische Volk wagte es, dagegen aufzubegehren. Zwar konnte Napoleon die Aufständischen erneut unterwerfen, allerdings kostete dieser *Erste Napoleonische Krieg* Frankreich viel Kraft und Ressourcen, zumal die spanischen Aufständischen nicht aufgaben, sondern den Kampf in einem zermürbenden

Guerillakrieg weiterführten. Eine weitere Nebenerscheinung dieses *Spanischen Unabhängigkeitskrieges* war, dass Preußen und Österreich durch den Aufstand in Spanien dazu motiviert wurden, sich ihrerseits zu erheben.

Gegen wen führte Napoleon den Zweiten Napoleonischen Krieg?
Österreich lehnte sich 1809 gegen Napoleon auf. Frankreichs Armeen hatten diesmal deutlich größere Probleme mit dem Gegner, als das noch wenige Jahre zuvor bei der Unterwerfung des österreichischen Staates der Fall gewesen war. Trotzdem gelang es Napoleon, Österreich erneut zu besiegen, wenn auch nur unter großen Anstrengungen und Verlusten. In der Folgezeit wuchs sein Imperium aber noch einmal an und erlangte schließlich im Jahr 1810 seine größte Ausdehnung.

Warum brach Napoleon zum Russlandfeldzug auf?
Bis 1812 existierte ein Friedensvertrag zwischen Russland und Frankreich. Zu dessen Bruch kam es allerdings, als Russland gegen die von Napoleon verfügte Kontinentalsperre gegen England verstieß. Er rüstete seine *Grande Armée* zum Russlandfeldzug.
Mit 600.000 Mann war Napoleon in Russland einmarschiert und war zunächst erfolgreich. Vor Moskau musste er aber feststellen, dass die Russen die Stadt angezündet hatten, um Napoleon nichts als „verbrannte Erde“ zu hinterlassen. Die Versorgungslage der Truppen war katastrophal, der harte russische Winter zwang Napoleon zum Rückzug. 96 Prozent seiner Truppen verhungerten oder erfroren. Wenig später verbündeten sich die Mächte Europas und schlugen ihn bis 1815 mehrfach vernichtend, u. a. in der *Völkerschlacht bei Leipzig* und der *Schlacht von Waterloo*.

Der Wiener Kongress

Nach dem Sieg über das napoleonische Frankreich verhandelten die europäischen Großmächte von 1814 bis 1815 in Wien über eine Neuordnung Europas, mit der eine dauerhafte Friedensordnung geschaffen werden sollte.

Wieso war eine neue europäische Ordnung nötig?

Im Zuge der Französischen Revolution kam es zu Auseinandersetzungen zwischen den europäischen Monarchen und dem revolutionären Frankreich. Zahlreiche militärische Siege Napoleons führten zu einer französischen Hegemonie über Europa. Der französische Kaiser löschte dabei viele Länder aus und schuf neue *Satellitenstaaten*. 1815 konnte Napoleon bei Waterloo endgültig besiegt werden. Zwar war man den Aggressor nun los, doch musste Europa völlig neu geordnet werden. Das von Napoleon geschaffene System hätte nicht erhalten werden können, da es völlig auf Frankreich ausgerichtet war. Es hätte keine dauerhafte europäische Friedensordnung zugelassen.

Wie wollte man dieses Ziel verwirklichen?

Um eine solche Friedensordnung zu schaffen, orientierte man sich an drei Leitgedanken: Europa sollte nach den Prinzipien der *Restauration*, der *Legitimität* und der *Solidarität* neu geordnet werden. Restauration meinte die Wiederherstellung der vorrevolutionären Zustände, sowohl in territorialer wie auch in politischer Hinsicht. Die Französische Revolution und ihre napoleonische Fortführung wurden als „historischer Unglücksfall", der vorherige Zustand als der Normalfall gedeutet. In der Praxis bedeutete das: Frankreich wurde wieder auf die Grenzen von 1792 beschränkt, die von Napoleon neu geschaffenen Staatsgebilde wurden aufgelöst. Eine vollständige Restauration fand aber nicht statt: Die *Säkularisierungen* und *Mediatisierungen* von 1803 und 1806 wurden nicht rückgängig gemacht. Über das Prinzip der Legitimität wollte man die alten Dynastien wieder einsetzen. Napoleon wurde als Usurpator angesehen, der die legitimen und gottgegebenen Herrschaftsverhältnisse in Europa revolutioniert hatte. Das bedeutete die Rückkehr der alten Herrscher wie beispielsweise des Bourbonen Ludwig XVIII. in Frankreich. Die Idee der Volkssouveränität, auf die sich die Revolution und Napoleon beriefen, wurde verworfen. Solidarität meinte schließlich das gemeinsame Interesse der alten Mächte an der Bewahrung ihrer wieder gewonnenen Position und an deren Absicherung gegen alle oppositionellen Kräfte. Sie fand ihre Verwirklichung in der so genannten *Heiligen Allianz* zwischen Russland, Österreich und Preußen.

Was wurde aus den liberalen und nationalen Bewegungen?
Im Gefolge der Französischen Revolution und der Bedrohung durch Napoleon hatten sich in den europäischen Staaten die Ideen des Liberalismus und des Nationalismus herauszubilden begonnen. Dadurch konnten erstmals die anderen Staaten Frankreich so genannte *Volksarmeen* statt Söldnerheere entgegenstellen. Dies war allerdings nur möglich, weil dem Nationalismus und Liberalismus politische Zugeständnisse in Aussicht gestellt wurden. Diese Versprechungen wurden im Wiener Kongress nicht berücksichtigt. Im Gegenteil: Der Wiener Kongress kriminalisierte Liberalismus und Nationalismus.

Deutscher Bund

Der Deutsche Bund war ein von 1815 bis 1866 bestehendes Bündnis zwischen 35 souveränen Fürsten und vier freien Städten in Deutschland, das dem 1806 aufgelösten Heiligen Römischen Reich Deutscher Nation folgte.

Wie kam der Bund zu Stande?
Nach dem Sieg über Napoleon, der eine völlige territoriale und verfassungsrechtliche Umgestaltung Europas hervorgerufen hatte, wurde zwischen den Siegermächten über eine Neuordnung der Staatenwelt verhandelt. Der österreichische Staatskanzler Fürst Klemens von Metternich lud zu diesem Zweck 1814 die Führungspersönlichkeiten aller europäischen Staaten mit Ausnahme der Türkei zum *Wiener Kongress* ein, der bis 1815 tagte. Hier wurde u. a. beschlossen, dass das *Heilige Römische Reich Deutscher Nation* nicht wiederhergestellt werden sollte. Stattdessen strebte man einen losen Staatenbund der deutschen Einzelstaaten an. Man glaubte, auf diese Weise das europäische Gleichgewicht besser gewährleisten zu können, als wenn sich in der Mitte Europas ein deutscher Gesamtstaat etabliert hätte.

Wie war der Deutsche Bund aufgebaut?
Zunächst wurden Preußen das Rheinland und Westfalen sowie das nördliche Sachsen zugesprochen. Nur der deutsche Teil Preußens und Österreichs gehörte zum Bund, der anfangs ca. 30 Mio. Einwohner zählte. Auch einige ausländische Herrscher waren als Staatsfürsten in diesen Zusammenschluss eingebunden, wie der König von Großbritannien wegen Hannover, der von

Dänemark wegen Holstein und der der Niederlande wegen Luxemburg. Insgesamt hatte der Bund 39 Mitglieder.

Wie sah die staatliche Souveränität des Bundes aus?

Gemäß der *Bundesakte* durfte die Souveränität der einzelnen Fürstentümer innenpolitisch nicht eingeschränkt werden. Die einzige und zentrale Institution war der *Frankfurter Bundestag* unter österreichischem Vorsitz. Eine Volksvertretung hatte der Deutsche Bund nicht. Die Bundesakte sah eine gemeinsame innenpolitische Bekämpfung antiaristokratischer Strömungen vor. Die ganze Politik stand im Zeichen der *Restauration* – der Bestrebung zur Herstellung vorrevolutionärer, absolutistischer Staatssysteme. Die Unterdrückung der liberalen Opposition manifestierte sich u. a. in den *Karlsbader Beschlüssen* und der *Demagogenverfolgung*. Für den Kriegsfall wurde ein Bundesheer installiert, das aus Kontingenten der Einzelstaaten bestand.

Woran scheiterte der Bund?

Zum einen wurden die Forderungen der Bürger nach politischen und bürgerlichen Freiheitsrechten immer größer, die sie in Verfassungen gesichert wissen wollten. Oppositionelle und revolutionäre Aktivitäten wie z. B. das *Hambacher Fest* von 1832 konnten nicht verhindert werden. Auch die Forderungen nach nationaler Einheit wurden durch das Bündnis nicht befriedigt. Die Revolution von 1848/49 wurde zwar niedergeschlagen, schwächte jedoch die Fürsten und den Bund. Auslöser für den endgültigen Bruch war der sich weiter verschärfende *Dualismus* zwischen Preußen und Österreich um die Vormachtstellung in Deutschland, der 1866 im so genannte *Deutschen Krieg* endete.

Patriotismus und Märzrevolution

Von 1815 bis zur Frankfurter Nationalversammlung von 1848/49 gewannen die liberalen und nationalen Kräfte im Deutschen Bund vermehrt an Einfluss. Sie forderten eine Einigung Deutschlands und Mitbestimmung.

Wann kam der Patriotismus in Deutschland auf?
Schon bald nach dem *Wiener Kongress* meldeten sich im *Deutschen Bund* die Vertreter zweier politischer Richtungen zu Wort, die mit den Beschlüssen nicht einverstanden waren. Die Anhänger des *Liberalismus* waren enttäuscht, weil keine Volksvertreter beim Kongress zugelassen waren und sie so die Bedürfnisse der Bürger nicht genügend vertreten sahen. Die Vetreter des *Nationalismus* hingegen waren mit dem Prinzip des losen Staatenbundes nicht einverstanden. Nach dem Vorbild der Französischen Revolution wollten sie einen einheitlichen deutschen Staat bilden.

Welche Rolle spielten die studentischen Burschenschaften?
Die Burschenschaften waren Zusammenschlüsse national orientierter Studenten, die sich ab 1815 in den deutschen Staaten gründeten. 1817 kamen ihre Vertreter auf der Wartburg zusammen und kritisierten die restaurativen Verhältnisse im Deutschen Bund. 1819 ermordete der Student Karl Sand den Berichterstatter des russischen Zaren, August von Kotzebue, weil dieser in einer Zeitschrift über die Burschenschaften gespottet hatte. Die Minister der deutschen Länder reagierten mit den so genannten *Karlsbader Beschlüssen*: Sämtliche Burschenschaften wurden

verboten und alle Universitäten der Kontrolle der Landesregierungen unterstellt. Die Bevölkerung reagierte empört. Beim *Hambacher Fest* 1832 forderten die Redner umfassende Reformen. Daraufhin wurden sie festgenommen und die Gesetze weiter verschärft.

Wie kam es zum Ausbruch der Märzrevolution?

Der Anfang wurde in Frankreich gemacht, wo sich das Volk 1848 erfolgreich gegen König Louis Philippe aufgelehnt und die *2. Französische Republik* ausgerufen hatte. Daraufhin kam es auch in Wien und Berlin zu Aufständen. In Preußen brachen am 18. März blutige Auseinandersetzungen zwischen Volk und Militär aus, bei denen sich die Aufständischen letztendlich durchsetzen konnten. Die Bürger in Österreich und Preußen beriefen eine Bürgerwehr ein und beschlossen die Wahl einer Nationalversammlung.

Heinrich Heine

Die Literatur reagierte mit zwei sehr gegensätzlichen Stilrichtungen auf die politischen Ereignisse. Zum einen entwickelte sich das *Biedermeier* mit seiner bewussten Abwendung von den politischen Verhältnissen und seinem Rückzug in private Lebensbereiche, zum anderen findet man den *Vormärz*, der Lyrik als Instrument des politischen Protests einsetzte. Bekannte Vertreter des Biedermeier waren Annette von Droste-Hülshoff, Eduard Mörike und Adalbert Stifter. Für den Vormärz stehen Heinrich Hoffmann von Fallersleben, Georg Herwegh und Heinrich Heine.

Paulskirchenverfassung

Die Paulskirchenverfassung wurde 1849 von der Frankfurter Nationalversammlung verabschiedet und hatte die Einigung der deutschen Bundesstaaten zum Ziel, scheiterte aber kurze Zeit später wieder.

Wie kam es zur Einberufung der Nationalversammlung?
Nachdem die Regierungen von Österreich und Preußen abgesetzt worden waren, trat in Frankfurt ein so genanntes *Vorparlament* zusammen. Die Aufgabe der größtenteils liberalen Politiker bestand darin, die Mitgliedsländer des deutschen Staatenbundes zu einem Staat zu vereinen. Man einigte sich darauf, dass eine Nationalversammlung in freien Wahlen vom Volk gewählt werden und anschließend eine Verfassung für den neuen Staat entworfen werden sollte. 1848 durften alle Männer über 20 Jahren zur ersten gesamtdeutschen freien Wahl gehen. Die Volksvertreter wurden direkt gewählt, weil es noch keine Parteien gab. Die Abgeordneten versammelten sich in der Paulskirche in Frankfurt. Schnell bildeten sich drei Fraktionen, in denen sich Abgeordnete mit ähnlichen politischen Zielen und Vorstellungen zusammenfanden. Neben der *konservativ-christlichen Rechten* gab es die *demokratische Linke* und die *liberale Mitte*. Zum Präsidenten der Versammlung wurde Heinrich von Gagern bestellt.

Mit welchen Konflikten befasste sich die Versammlung?
Der erste Schwung der Revolution war bereits verflogen. Die so genannten *Märzminister* waren wieder abgesetzt und die Revolution an sich niedergeschlagen. Von Beginn der Verhand-

lungen an gingen die Vorstellungen, wie dieser neue Staat aussehen sollte, sehr weit auseinander. Während die einen eine *Republik* forderten, wollten die anderen eine an die Verfassung gebundene *Monarchie*. Ein weiterer Streitpunkt war die Frage, welche Länder der neue Staat umfassen sollte. Die Befürworter der so genannten *großdeutschen Lösung* wollten die deutschen Gebiete Österreichs in den neuen Staat mit einbinden. Österreich protestierte jedoch, weil dies einer Auflösung des bisherigen Österreichs gleichgekommen wäre. Die *kleindeutsche Lösung* sah einen Staat ohne die österreichischen Gebiete vor. Die unterschiedlichen Meinungen blockierten die Findung einer schnellen Lösung.

Was war das Ergebnis der Paulskirchenversammlung?
Nach langen Verhandlungen einigte man sich auf eine Verfassung, die 1849 verabschiedet wurde. In ihr kamen in zahlreichen Kompromissen die unterschiedlichen Positionen der Abgeordneten zum Ausdruck. Deutschland sollte wieder einen Kaiser bekommen, zu dem der preußische König Friedrich Wilhelm IV. gewählt wurde. Bei der Frage nach den Staatsgrenzen kam man zu folgendem Kompromiss: Österreich sollte nicht zum gesamtdeutschen Staat gehören. Es wurden jedoch eine Zollunion und eine gemeinsame Wirtschaftspolitik beschlossen. Zwar sollte es weiterhin einzelne deutsche Staaten geben, diese sollten jedoch zu Gunsten einer zentralen Regierung auf manche Staatsrechte, wie z. B. ein eigenes Heer, verzichten. Doch nachdem der zum Kaiser gewählte preußische König die Wahl nicht annahm, war die Gründung eines vereinigten deutschen Staates gescheitert.

Imperialismus

Als Imperialismus bezeichnet man den um 1880 ausbrechenden Kampf der europäischen Großmächte um die „Aufteilung der Welt", die im Grunde schon mit der Kolonialpolitik des 16., 17. und 18. Jh. begonnen hatte.

Wie entwickelte sich der Imperialismus?
In Europa wurden erste Formen des Imperialismus schon ab dem 15. Jh. betrieben. Der Unterschied zur Zeit der Römer und Alexanders des Großen bestand darin, dass es nun nicht mehr eine zentrale Macht war, die mit dem Gedanken, ein Weltreich aufzubauen, politische Kontrolle über andere Länder erringen wollte. Nun standen mehrere europäische Staaten miteinander in Konkurrenz. Das Ziel war nicht mehr der Aufbau eines Weltreichs, sondern die Erlangung wirtschaftlicher Vorteile mithilfe der Importgüter. Im Prinzip war es ein *merkantilistischer Imperialismus*, der zu dieser Zeit in Europa aufkam und dazu diente, die Staatskassen zu füllen und die Heere zu bezahlen. Der in der Mitte des 19. Jh. aufkommende Imperialismus unterschied sich in einer wichtigen Eigenschaft von dem Konzept der Jahrhunderte davor: Anstelle von direkter politischer Kontrolle wurden diplomatische und wirtschaftliche Maßnahmen eingesetzt, um Macht und Einfluss zu vergrößern.

Aus welchem Grund entwickelte sich der Imperialismus?
Eine der gängigen Theorien macht übersteigerten Nationalismus für die Entstehung verantwortlich. Als sich die Nationen entwickelten, wurde ein *Wir-Gefühl* aufgebaut, das den Wert der ei-

genen Nation über denjenigen aller anderen existierenden Nationen stellte. Aus diesem vermeintlich gottgegebenen Recht leiteten viele Menschen die Aufgabe ab, unterlegene Nationen zu regieren. Eine andere Theorie betrachtet den Überlebenstrieb des Menschen als Quelle des Imperialismus. Schon immer waren die Menschen davon überzeugt, dass die Erde und damit das bewohnbare Land seine Grenzen habe. Um aber nicht verdrängt zu werden, mussten sich die Nationen so viel Platz sichern, wie ihnen möglich war. Eine weitere Theorie sieht das Konstrukt des Imperialismus nur als Begleiterscheinung des grenzenlosen Kapitalismus: Um viel Ware zu verkaufen und viele Rohstoffe einzukaufen, brauchte man viel Land und viele Käufer, wobei man darauf achten musste, dass ein anderes Land sich nicht dieser Käufer und Produzenten bemächtigte. Also bedurfte es einer machtpolitischen Kontrolle. Schließlich behauptet eine Theorie, dass die machtpolitischen Verhältnisse in der Zeit der Aufklärung ins Wanken geraten waren und die Machthaber das Volk einen wollten, um es von weiteren geistigen und realen Revolutionen abzuhalten. Als Ablenkung der besonderen Art war hier die Schaffung einer Art Wettbewerb vonnöten, den der Imperialismus mit dem Wettlauf um Gebiete und Absatzmärkte lieferte.

Imperialismus

Otto von Bismarck

Der preußisch-deutsche Staatsmann Otto von Bismarck war von 1871–1890 der erste Kanzler des Deutschen Reiches.

Wie kam es zu Bismarcks politischem Durchbruch?
Otto Eduard Leopold von Bismarck (1815–1898) begann sich 1848 mehr und mehr politisch zu engagieren und wurde bald darauf als Abgeordneter in den preußischen Landtag gewählt. Er stand beim preußischen König Wilhelm I. in hoher Gunst, da er in den Wirren der 48er-Revolution zu ihm gestanden hatte. Doch ein reaktionärer Minister wie Bismarck war angesichts der liberalen Landtagsmehrheit nur schwer vermittelbar. So wurde der konservative Monarchist 1858 zunächst als Gesandter nach Sankt Petersburg geschickt. In der Diskussion um die *Heeresreform* kam es dann aber zwischen Wilhelm I. und den preußischen Abgeordneten 1862 zu einem scheinbar unlösbaren *Verfassungskonflikt*. Das war Bismarcks Chance: Er erklärte sich bereit, die Heeresreform notfalls auch gegen den Willen der Abgeordneten durchzuführen. In dieser heiklen Situation berief der preußische König Bismarck zum Ministerpräsidenten.

Wie bereitete Bismarck die Reichsgründung vor?
Bismarck wollte Deutschland unter preußischer Führung vereinigen. Doch nicht die liberale und nationale Volksbewegung, sondern die Landesfürsten sollten nach seiner Vorstellung in einer *Revolution von oben* die Initiatoren einer Einigung sein. Österreich wollte natürlich einem Deutschen Reich unter Führung des alten Rivalen Preußen nicht zustimmen. Daraufhin provozierte

Otto von Bismarck

Bismarck die Österreicher: Der *Deutsche Krieg*, in dem Preußen über Österreich siegte, führte 1866 zu einer Neuordnung der Machtverhältnisse. Im *Norddeutschen Bund* wurden unter Bismarcks Kanzlerschaft die Reichsbildung und die Reichsverfassung vorbereitet. Mit den süddeutschen Staaten schloss man als Reaktion auf territoriale Forderungen Frankreichs für dessen Neutralität im *Deutschen Krieg* geheime Schutz- und Trutzbündnisse. Als es zu einer diplomatischen Auseinandersetzung zwischen Frankreich und Preußen gekommen war, lancierte Bismarck ein politisch prekäres Dokument – die *Emser Depesche* – so geschickt, dass der französische Kaiser Napoleon III. Preußen den Krieg erklärte. Frankreich wurde mithilfe der süddeutschen Staaten im *Deutsch-Französischen Krieg* 1870/71 geschlagen. 1871 wurde daraufhin in Versailles das *Deutsche Kaiserreich* ausgerufen.

War Bismarck innenpolitisch erfolgreich?

Bismarck bemühte sich, die Monarchie mit allen Mitteln gegen demokratische Liberalisierungsbestrebungen zu schützen. Doch war er weder im so genannten *Kulturkampf* gegen den *politischen Katholizismus* noch mit seinen *Sozialistengesetzen* erfolgreich. Seine Sozialgesetzgebung – u. a. Kranken-, Unfall-, Renten- und Invaliditätsversicherung – waren allerdings bahnbrechend. Doch Bismarck konnte auch damit die Arbeiterschaft nicht für sich gewinnen.

Die Sozialtheorien von Marx, Engels und Weber

Unter dem Eindruck des sozialen Elends entwickelten Marx und Engels den wissenschaftlichen Sozialismus. Als Reaktion darauf integrierte Max Weber die gesellschaftliche und religiöse Entwicklung in seine eigenen Analysen.

Wie wirkten Marx und Engels?

Karl Marx (1818–1883) und Friedrich Engels (1820–1895) bemühten sich, wissenschaftliche Erklärungen für die miserable Situation der Industriearbeiterschaft zu finden. Unter diesen historischen Bedingungen entstand der *wissenschaftliche Sozialismus* von Marx und Engels – später allgemein als *Marxismus* bekannt. Ihren literarischen Niederschlag fand diese umfassende Sozialtheorie in verschiedenen Werken der beiden Wissenschaftler (u. a.: *Kommunistisches Manifest* und *Das Kapital*). Sie studierten die wirtschaftliche und gesellschaftliche Entwicklung des kapitalistischen Systems und folgerten daraus, dass der Kapitalismus an seinen Widersprüchen zu Grunde gehen werde: Durch den Konkurrenzkampf innerhalb des Kapitalismus komme es zu einer Konzentration und Zentralisation des Kapitals bei immer weniger Kapitalisten. Im Gegensatz dazu werde die Schicht der Arbeiter durch die Verarmung der Kapitalisten stetig wachsen. Irgendwann werde das Proletariat dann so groß sein, dass eine

Karl Marx

Revolution unausweichlich würde. Dabei sei es Aufgabe der Proletarier, diese Revolution durch eine *Diktatur des Proletariats* so zu lenken, dass der Übergang in eine klassenlose Gesellschaft ohne Besitz ermöglicht werde. Diese *klassenlose Gesellschaft*, der Kommunismus, sei dann die letzte und ideale Gesellschaftsform.

Inwiefern griff Weber auf diese Theorie zurück?

Der Soziologe Max Weber (1864–1920) bezog als Reaktion auf einen Teil der marxistischen Theorie die gesellschaftlichen und religiösen Entwicklungen erstmals in wirtschaftswissenschaftliche Untersuchungen mit ein. In einem seiner wichtigsten Werke *Die protestantische Ethik und der Geist des Kapitalismus* (1905), stellte er den Zusammenhang zwischen calvinistisch geprägter Lebensführung und kapitalistischer Wirtschaftsweise heraus. Dabei stellte besagte Ethik für Weber die treibende Kraft des Kapitalismus dar. Er begründete dies damit, dass im Calvinismus ein erfolgreiches Schaffen auf Erden als Zeichen für eine besondere Auserwähltheit gesehen werde. Dies führe zu einem Leistungsdenken, das auf wirtschaftlicher Ebene den Kern des Kapitalismus bilde. Damit ist er bei Marx, nach dessen Ansicht die ideologische Rechtfertigung des Kapitalismus die christliche Religion sei. Beim Übergang zum Sozialismus bräuchten die Menschen dann einen neuen ideologischen Überbau.

Friedrich Engels

Sozialgesetzgebung

Bismarck schuf Gesetze, mit denen er die Situation der Arbeiter verbessern wollte. Mit ihnen sollte aber v. a. der Zulauf zur Arbeiterbewegung gestoppt werden – ein Plan, der nicht aufging.

Wie erklärt sich der immense Zulauf zur Arbeiterbewegung?
Durch die rasche Industrialisierung im jungen deutschen Kaiserreich entstand bald eine breite Arbeiterschicht. Die Arbeiter lebten größtenteils in materiellem Elend. Als Reaktion darauf bildete sich die deutsche Arbeiterbewegung heraus. 1863 gründete Ferdinand Lassalle den *Allgemeinen Deutschen Arbeiterverein*. 1875 schlossen sich verschiedene Arbeiterbewegungen zur *Sozialistischen Deutschen Arbeiterpartei* zusammen. Ihre Ziele waren noch weitgehend revolutionär und orientierten sich an der Theorie von Marx und Engels. Daher sah Otto von Bismarck den Aufstieg der Partei als große Bedrohung. Die Sozialisten wurden als *Reichsfeinde* und *vaterlandslose Gesellen* diffamiert.

Ferdinand Lassalle

Welche Maßnahmen ergriff der Reichskanzler?
Zunächst versuchte er, Gewerkschaften und Arbeiterpartei durch repressive Maßnahmen auszuschalten. Den Anlass für das *Gesetz gegen die gemeingefährlichen Bestrebungen der Sozialde-*

mokratie boten zwei Attentatsversuche auf Kaiser Wilhelm I., auch wenn keiner der Täter der Sozialdemokratie angehörte. Das so genannte *Sozialistengesetz* aus dem Jahr 1878 verbot alle sozialdemokratischen, sozialistischen oder kommunistischen Vereine und Verbindungen, alle entsprechenden Versammlungen und einschlägigen Druckschriften unter Androhung von Gefängnisstrafe oder Ausweisung. Das machte jede öffentliche Parteiarbeit unmöglich. Die Kandidatur von Einzelpersonen für den Reichstag und die Landtage war die einzig verbliebene legale Möglichkeit. Diese wurde mit wachsendem Erfolg genutzt. Der Stimmenanteil der Sozialdemokraten wuchs stetig. Die Partei organisierte sich zudem im Untergrund und im Ausland, hielt ihre Parteitage in anderen Ländern ab und schmuggelte einschlägige Druckerzeugnisse ins Deutsche Reich.

Wie reagierte Bismarck auf den ausbleibenden Erfolg?
Bismarck ergänzte die repressiven Maßnahmen durch betont arbeiterfreundliche Sozialgesetze (Politik von „Zuckerbrot und Peitsche"). Die Härten des sozialen Systems sollten gemildert, die Arbeiter für den Staat gewonnen und der Sozialdemokratie entfremdet werden. Ab 1883 wurde durch die Sozialgesetzgebung ein Sozialversicherungssystem eingeführt, das für ganz Europa vorbildhaft war. 1883 wurde ein Krankenversicherungsgesetz verabschiedet, 1884 folgte eine Unfallversicherung, 1889 eine Invaliditäts- und Altersversicherung. Nur bei den Letzteren leistete das Reich finanzielle Zuschüsse. Die anderen mussten gemeinsam von Arbeitern und Unternehmern aufgebracht werden. Deutschland war das erste Land mit einem so ausgefeilten Versicherungssystem für Arbeitnehmer.

Das Bündnissystem in Europa bis 1914

Seit der Gründung des Deutschen Reiches 1871 wurden zwischen den europäischen Mächten zahlreiche Bündnisse geschlossen, die für politische Stabilität in Europa sorgen sollten, letztendlich jedoch den Ausbruch des Ersten Weltkriegs nicht verhindern konnten.

Wie waren die Machtverhältnisse im Europa von 1871?

Nach dem Ende des Deutsch-Französischen Krieges 1870/71 war die Stimmung in Europa angespannt. Zu den traditionellen Rivalitäten unter den Großmächten gesellte sich der Kampf um Rohstoffe und Märkte in Übersee. Verschärft wurde die Situation durch die Gründung des Deutschen Reiches 1871. Das Gleichgewicht der Mächte in Europa drohte verloren zu gehen, da Deutschland nun eine starke Macht mitten in Europa darstellte.

Warum suchte Bismarck ein Bündnissystem?

Otto von Bismarck

Das deutsche Reich musste nach seiner Gründung mehreren Gefahren entgegensehen. Auf der einen Seite stand Frankreich, das nach der Kriegsniederlage auf Revanche hoffte. Auf der anderen Seite standen die übrigen Mächte, die das Reich aufgrund seiner neuen Größe zwangsläufig als Bedrohung ansehen mussten. Diese möglichen Konfliktherde wollte Bismarck entschärfen oder ganz aus dem Weg räumen, indem er versuchte, Frankreich zu isolieren und mit den übrigen Großmächten Bündnisse einzugehen. Sein Ziel war es, dass jeder potenzielle Angreifer auf sich gestellt wäre und ein Krieg somit von vornherein verhindert würde.

Mit wem schloss das Deutsche Reich Bündnisse?

Eine Annäherung an Frankreich erschien unmöglich, da die Franzosen die Annexion Elsass-Lothringens durch Deutschland nicht verziehen hatten. Nach dem *Russisch-Türkischen Krieg* 1877 betätigte sich Bismarck als „Schiedsrichter Europas". Er verstimmte dabei jedoch die Russen, indem er ihnen im Krieg eingenommene Gebiete wieder absprach, sodass mit einem Angriff gerechnet werden musste. Um der Gefahr eines Zweifrontenkrieges gegen Frankreich im Westen und Russland im Osten aus dem Weg zu gehen, bildete Bismarck 1879 mit Österreich-Ungarn den so genannten *Zweibund*. Drei Jahre später wurde gemeinsam mit Italien der *Dreibund* geschlossen. Es gelang Bismarck, die Gunst Russlands zurückzugewinnen und man einigte sich 1887 auf den *Rückversicherungsvertrag*. Dieser verpflichtete die beiden Staaten zur Neutralität, falls ein Land von einer dritten Macht angegriffen werden sollte. Dies galt jedoch nicht, wenn der Angriff provoziert wurde oder ein Gegenangriff war.

Wie reagierten die anderen Großmächte?

Die Bündnisse des Deutschen Reiches führten natürlich zu einer Gegenbewegung, da der so geschaffene Machtkern von den europäischen Mächten als Bedrohung empfunden wurde. Auch der Neutralitätspakt mit Russland erwies sich als sehr brüchig. 1894 schlossen sich Frankreich und Russland ihrerseits zu einem *Zwei-*

bund zusammen. 1904 verbündete sich Frankreich zusätzlich mit Großbritannien zur so genannten *Entente cordiale*. 1907 wurde Russland mit einbezogen und die *Triple-Entente* war geboren.

Die Bündnispolitik Wilhelms II.
Die unberechenbare und oft sprunghafte Politik von Kaiser Wilhelm II. manövrierte das Deutsche Reich in eine schwierige Außenseiterrolle. So wurde beispielsweise die von Russland angebotene Verlängerung des Rückversicherungs-Vertrages von seiner Seite rüde zurückgewiesen. Teilweise provozierende, teilweise ungeschickte Äußerungen Wilhelms taten ihr Übriges, das Deutsche Reich aller möglichen Bündnispartner zu berauben. Großbritannien versuchte lange Zeit, das Verhältnis zwischen den beiden Großmächten aufrecht zu erhalten und zu verbessern, doch das diplomatische Ungeschick des Kaisers und sein stures Festhalten an der von ihm vorangetriebenen Aufrüstung machten diese Annäherungstendenzen stets zunichte.

Wie kam es zum Ausbruch des Ersten Weltkrieges?
Bereits die Marokkokrisen von 1905/06 und 1911, die Annexion von Bosnien und Herzegowina durch Österreich 1908/09 sowie die Balkankriege 1912/13 führten Europa an den Rand einer kriegerischen Auseinandersetzung. Die Eskalation erfolgte schließlich am 28. Juni 1914 mit der Ermordung des österreichischen Thronfolgers Erzherzog Franz Ferdinand und seiner Frau Sophie in Sarajevo. Ein serbischer Student hatte im Auftrag des Geheimbunds *Schwarze Hand* den Doppelmord begangen. Österreich wollte das Attentat zum Anlass nehmen, das schon lange unliebsame Serbien niederzuwerfen.

Dazu benötigte es jedoch die Unterstützung Deutschlands gegen die serbische Beschützermacht Russland. Das Deutsche Reich stellte sich hinter Österreich, in der Hoffnung, die übrigen Großmächte aus dem Konflikt heraushalten zu können. Als sich jedoch ein Eingreifen Großbritanniens abzeichnete, versuchte man in Berlin, die Wiener Verbündeten zurückzuhalten, was allerdings nicht gelang. Am 28. Juli 1914 erklärte Österreich-Ungarn Serbien den Krieg und der Erste Weltkrieg war damit nicht mehr abzuwenden.

Wie erlebten deutsche Künstler den Ersten Weltkrieg?

Der Erste Weltkrieg beeinflusste das Werk vieler Künstler in Deutschland mehr als jeder andere internationale Konflikt. Zu Beginn des Krieges überwogen patriotische Worte und Bilder. Viele Künstler meldeten sich freiwillig zum Kriegsdienst, um neue Inspirationen zu sammeln oder taten Sanitätsdienst wie etwa Max Beckmann. Doch nicht wenige von ihnen wurden mit den traumatischen Erfahrungen dieser Zeit nicht fertig, wie beispielsweise der Bildhauer Wilhelm Lehmbruck, der 1919 Selbstmord beging.

Bündnisse in Europa von 1871 bis 1914

1879	*Zweibund:* Deutsches Reich, Österreich-Ungarn
1882	*Dreibund:* Deutsches Reich, Österreich-Ungarn, Italien
1887	*Rückversicherungs-Vertrag:* Deutsches Reich, Russland
1894	*Zweibund:* Frankreich, Russland
1904	*Entente cordiale:* Frankreich, Großbritannien
1907	*Triple-Entente:* Frankreich, Großbritannien, Russland

Der Erste Weltkrieg

In den globalen Krieg von 1914 bis 1918 waren insgesamt 32 Nationen verwickelt. Eine Entscheidung konnte erst mit dem Kriegseintritt der USA herbeigeführt werden.

Wo sind die Ursachen zu suchen?
Die machtpolitischen Gegensätze im europäischen Staatensystem nahmen immer mehr zu; v. a. die Gegensätze Deutschland – England und Deutschland – Frankreich. Die einzelnen Bündnisse verloren zusehends ihren defensiven Charakter. Zu nennen sind auch die Autonomiebestrebungen einzelner Volksgruppen innerhalb des österreichisch-ungarischen Vielvölkerstaates.

Was war der Auslöser?
Unmittelbarer Auslöser für den Ersten Weltkrieg war die Ermordung des österreichischen Thronfolgers Franz Ferdinand und seiner Gemahlin 1914 in Sarajewo. Der Täter war ein serbischer Student. Österreich erklärte Serbien daraufhin den Krieg. Das Deutsche Reich stand als Bündnispartner bedingungslos hinter Österreich, das mit der Kriegserklärung eine Kettenreaktion auslöste. Zar Nikolaus II. ordnete die Gesamtmobilmachung in Russland an, woraufhin sich Deutschland gezwungen sah, Russland ebenfalls den Krieg zu erklären und in Frankreich einzufallen.

Hatten die Mittelmächte mit ihrer Taktik Erfolg?
Um die Befestigungen an der französischen Ostgrenze zu umgehen, mussten die deutschen Truppen durch das neutrale Belgien

marschieren. Als Berlin ein diesbezügliches Ultimatum aus London ignorierte, griff Großbritannien in den Krieg ein. Deutschland und Österreich-Ungarn hofften auf eine rasche Lösung des Konflikts. Mit einem schnellen Bewegungskrieg wollte man die Alliierten überrumpeln, doch schon der Frankreichfeldzug scheiterte. Von den Alpen bis zur Nordseeküste existierte Ende 1914 eine durchgehende Frontlinie, an der sich die feindlichen Einheiten gegenüberlagen. Größere deutsche Offensiven, vor allem im Jahr 1918, blieben erfolglos und brauchten die letzten Reserven auf. Die Gegenoffensive der Alliierten zwang die deutschen Truppen zum Rückzug.

Wie verlief der Krieg an der Ostfront?
Österreich-Ungarn führte gegen Russland und Serbien einen Zweifrontenkrieg. Eine erste russische Offensive konnte erst in den Karpaten gestoppt werden. Wegen fehlender deutscher Truppen erzielte Russland im Osten zwar große Geländegewinne, die Gegenoffensive konnte aber dennoch abgewehrt werden. Der deutsche Gegenschlag endete bereits im Oktober 1915. Nun entstand auch im Osten eine geschlossene Front. Nach weiteren deutschen Erfolgen und der Revolution in Russland kam es im Dezember 1917 zum Waffenstillstand und im März 1918 zum *Frieden von Brest-Litowsk*.

Welche Auswirkungen hatte der Kriegseintritt der USA?
Im April 1917 erfolgte der Kriegseintritt der USA. Dieser besiegelte das Schicksal der Mittelmächte. Zentrumspolitiker Matthias Erzberger unterzeichnete 1918 ein Waffenstillstandsabkommen, in dem die Mittelmächte bedingungslos kapitulierten.

Separatismus nach dem Ersten Weltkrieg

Das Ende des Ersten Weltkrieges brachte für das Deutsche Reich bedeutende territoriale Verluste. Zudem gab es in den weiterhin zum Reich gehörenden Gebieten separatistische Bewegungen, die für Unruhen sorgten.

Wieso kam es nach dem Ersten Weltkrieg verstärkt zu separatistischen Bestrebungen?

Der amerikanische Präsident Thomas Woodrow Wilson hatte beim Kriegseintritt Amerikas das *Selbstbestimmungsrecht der Völker* zu einem entscheidenden Kriterium für die territoriale Neuordnung Europas nach Ende des Krieges erhoben. Daher erhofften sich in einigen Ländern bestimmte Volksgruppen, mit ihrem Streben nach Unabhängigkeit nun endlich Erfolg zu haben. Doch sahen die Völker nach dem Ende des Krieges ihr Selbstbestimmungsrecht nur teilweise verwirklicht. Zwar wurde der Vielvölkerstaat Österreich-Ungarn in verschiedene selbstständige Länder aufgeteilt und das Deutsche Reich musste einige Gebiete mit fremden Bevölkerungsgruppen abtreten, doch von einer konsequenten Umsetzung des Wilson'schen Prinzips konnte nicht die Rede sein.

Welche Gebiete musste das Reich abgeben?

Im *Versailler Vertrag* gaben die Siegermächte des Ersten Weltkrieges Deutschland die alleinige Schuld am Ausbruch des Krieges. Neben Reparationen und einer Verpflichtung zur Abrüstung musste Deutschland verschiedene Gebiete an andere Länder abtreten. Zum einen teilten die Siegermächte die deutschen Kolonien unter sich auf, zum anderen wurde Deutschland territorial beschnitten. Im Westen ging Elsass-Lothringen an Frankreich. Die Gebiete um die Städte Eupen und Malmedy gehörten seit den Verhandlungen in Versailles zum belgischen Staatsgebiet. Der Nordteil Schleswigs wurde dänisch. Das Memelgebiet ging an Litauen. Westpreußen, Posen und ein Teil Oberschlesiens wurde Polen zugesprochen. In einigen dieser vom Reich abgetrennten Gebiete gab es anschließend auch separatistische Bewegungen, die entweder das Ziel hatten, einen unabhängigen Staat zu schaffen oder einen Wiederanschluss ans Deutsche Reich erstrebten.

Gab es innerhalb des Reiches Separatismus?

Auch innerhalb des Deutschen Reiches gab es starke separatistische Strömungen: Die Sorben in der Lausitz bemühten sich um eine Abspaltung von Deutschland. Als slawisches Volk wünschten sie einen Anschluss an die Tschechoslowakei. Auch im Rheinland gab es Abspaltungswünsche. Frankreichs Bemühungen um eine Annexion des linksrheinischen Deutschland waren allerdings in Versailles gescheitert. Umso lebhafter setzte Paris nun auf den rheinischen Separatismus. Dieser war begründet in der traditionellen Aversion der Rheinländer gegen das protestantische Preußen. Das Ziel war ein rheinischer Freistaat. Ein Flügel dieser Bewegung wollte den Freistaat jedoch trotz enger Bindung an Frankreich innerhalb des Reiches belassen, ein anderer verfolgte die komplette Trennung. In drei Aufständen zwischen 1919 und 1921 versuchten polnische Nationalisten, ganz Oberschlesien an Polen anzuschließen. Im Freistaat Bayern baute eine stark rechtsgerichtete Regierung eigene paramilitärische Strukturen auf und akzeptierte Teile der Reichsgesetzlichkeit nicht.

Die Februar- und Oktoberrevolution in Russland

Der Revolution im Februar 1917, die zur Abdankung des Zaren führte, folgte ein halbes Jahr später die Oktoberrevolution, die das bolschewistische Regime begründete.

Was waren die Gründe für die Revolutionen?

Seit der Niederlage im Russisch-Japanischen Krieg 1905 ging es dem Land immer schlechter, der Unterschied zwischen Arm und Reich wurde zusehends größer. Hungersnöte führten zu Aufständen, die der Zar blutig niederschlagen ließ. Reformen hatten nur Alibifunktion und verschlimmerten die Situation sogar. Zwar gab es bereits um die Jahrhundertwende oppositionelle Gruppen, die gegen die Zarenherrschaft waren, sie waren allerdings zu schwach, um etwas zu unternehmen. Erst Jahre später schlossen sich diese Gruppen zusammen. Arbeiter in den Städten formierten sich zu so genannten *Sowjets*, den Arbeiterräten. Revolutionäre Ideen wie die von Lenin verbreiteten sich über das ganze Land.

Nikolaus II.

Warum ging der Oktoberrevolution eine weitere Revolution voraus?

Die Februarrevolution war eine Art „Durchgangsstation" für die eigentliche Revolution im Oktober und wurde ausgelöst durch eine neuerliche Hungersnot und die aussichtslose Lage der russischen Armee im Ersten Weltkrieg. Im ganzen Land gab es Demonstrationen, Streiks und Aufstände. Streikende Arbeiter und zwei Zarenregimenter in Petrograd (St. Petersburg) verbündeten sich und gründeten, nachdem Zar Nikolaus II. unter dem Druck der Armee abgedankt hatte, die provisorische Regierung. Diese und das nach zaristischem Recht gewählte Parlament bedeuteten für Russland aber eine instabile Doppelherrschaft.

Wie kam es zur Oktoberrevolution?

Wladimir Lenin

Die provisorische Regierung vertrat die Ziele einer *bürgerlichen Revolution*, u. a. Demokratie und Parlamentarismus. Die Bolschewisten dagegen trieben ihr Ziel noch weiter voran: Lenin und Trotzki vertraten die Auffassung, dass die bürgerliche Revolution in die proletarische münden und eine *Weltrevolution* auslösen müsse. Unter der Führung von Trotzki stürmten Bolschewisten und Arbeitermilizen Petrograd und stürzten die Regierung. Am Tag darauf wählte der Sowjetkongress den *Rat der Volkskommissare*, der aus einzelnen Ministern bestand – Lenin als Vorsitzender, Trotzki als Außenminister. Der Rat verkündete ein Dekret über die Beendigung des Krieges und verfügte die entschädigungslose Enteignung der Großgrundbesitzer. Aufgrund von Krisen im In- und Ausland traten die leninistischen Ziele jedoch in den Hintergrund.

Die Novemberrevolution

Der Erste Weltkrieg führte zum Untergang der Monarchie in Deutschland. Am 9. November 1918 wurde dort die Republik ausgerufen.

Wie kam es zu der Revolution?

Schon Ende September 1918 war der *Obersten Deutschen Heeresleitung* bewusst, dass der Erste Weltkrieg nicht mehr gewonnen werden konnte. Da die alliierten Gegner nur mit demokratisch legitimierten Politikern verhandeln wollten, forderte General Erich Ludendorff die sofortige Bildung eines Parlaments. Am 29. Oktober 1918 meuterten dann die Matrosen in Kiel und Wilhelmshaven, um nicht auf eine Selbstmordmission gegen die Briten auslaufen zu müssen. Anfangs von Soldaten und Matrosen getragen, wurde aus der Meuterei schließlich ein Aufstand der Arbeiter, die die sofortige Abdankung Kaiser Wilhelms II. forderten. Reichskanzler Max von Baden erklärte zur Beruhigung der revoltierenden Massen eigenmächtig den Thronverzicht des Monarchen, obwohl dieser sich trotz der aussichtslosen Lage nicht dazu bereit erklärt hatte. Dem Parteivorsitzenden der *Sozialdemokratischen Partei Deutschlands* (SPD), Friedrich Ebert, übertrug er zudem das von diesem geforderte Amt des Reichskanzlers.

Was hatte Friedrich Ebert im Sinn?

Ziel der sozialdemokratischen Führung war es, unter allen Umständen zu vermeiden, dass sich der bislang unblutige Umsturz wie die russische Oktoberrevolution zu einem Bürgerkrieg auswuchs. Neben den Überresten der alten staatlichen Gewalten gab es nämlich noch die Reichstagsmehrheit aus Sozialdemokraten, Zentrum und Linksliberalen und schließlich die heterogene Sammlung linksrevolutionärer Gruppen, denen der *Spartakusbund* unter Rosa Luxemburg und Karl Liebknecht vorstand. Letztgenannte waren gegen eine *parlamentarische Demokratie* und für die Bildung einer *sozialistischen Räterepublik*.

Wie reagierten das Militär und die Sozialisten?

SPD und USPD bildeten den Rat der Volksbeauftragten, und die Vollversammlung der Berliner Arbeiter- und Soldatenräte bestätigte noch am selben Tag diese provisorische Regierung. Nachdem auch die *Oberste Deutsche Heeresleitung* eine Loyalitätserklärung gegenüber der neuen Regierung abgegeben hatte, standen der parlamentarischen Demokratie kaum noch Hindernisse im Weg. Der Reichskongress beschloss mit überwältigender Mehrheit die Wahl einer Nationalversammlung. Das Motto der Spartakisten *Alle Macht den Räten* ging unter. Zu Weihnachten 1918 musste die neue Regierung unter Zuhilfenahme der ehemals kaiserlichen Armee Angriffe von Linksradikalen abwehren, worauf die Vertreter der USPD empört den Rat der Volksbeauftragten verließen und die *Kommunistische Partei Deutschlands* (KPD) gründeten.

Friedrich Ebert

Die Weimarer Verfassung

Die Nationalversammlung verabschiedete in Weimar nach hitzigen Debatten 1919 die Verfassung der Weimarer Republik, die nach dem Ersten Weltkrieg das Deutsche Reich ablöste.

Was war die Weimarer Verfassung?

Die Weimarer Verfassung war die erste parlamentarisch-demokratische Verfassung Deutschlands, nachdem sich Deutschland 1919 als parlamentarische Republik konstituiert hatte. Sie war als Kompromiss zwischen der *Sozialdemokratischen Partei Deutschlands* (SPD), der *Deutschen Demokratischen Partei* (DDP) und dem *Zentrum* entstanden.

Was war die Nationalversammlung?

Die 1919 aus Wahlen im Volk hervorgegangene Nationalversammlung zählte die Etablierung einer provisorischen Zentralgewalt zu ihren Aufgaben. Aufgrund massiven militärischen Drucks stimmte die Nationalversammlung am 23. Juni 1919 dem *Versailler Vertrag* zu. Die Regierung Scheidemann war vor der Abstimmung aus Protest gegen den Vertrag zurückgetreten. Nach den Reichstagswahlen trat 1920 der Reichstag mit ebenfalls vom Volk gewählten Abgeordneten an die Stelle der Nationalversammlung.

Wie sah die Struktur dieser ersten Demokratie aus?

Der auf vier Jahre nach allgemeinem, gleichem und geheimem Wahlrecht gewählte *Reichstag* übte die Gesetzgebung, das Budgetrecht und die Kontrolle der Exekutive aus. Daneben gab es noch die Ländervertretung, den so genannten *Reichsrat*. Damit hatte man der gewachsenen Struktur Deutschlands mit seinen Einzelstaaten Rechnung getragen. Die Reichsregierung (Reichskanzler und Minister) war vom Vertrauen des Reichstags abhängig. Als Gegengewicht zum Reichstag wurde das Amt des *Reichspräsidenten* mit weit reichenden Befugnissen ausgestattet. Der auf sieben Jahre durch Direktwahl des Volks gewählte Präsident besaß das Recht zur Reichstagsauflösung. Artikel 48 der Verfassung gab ihm das Recht, bei Gefährdung der öffentlichen Sicherheit den Ausnahmezustand zu verhängen und Notverordnungen zu erlassen.

Ähnelt die Weimarer Verfassung dem Grundgesetz?
Im Unterschied zum Grundgesetz der Bundesrepublik Deutschland wurden die Parteien in der Weimarer Verfassung nicht als Teil der politischen Willensbildung anerkannt. Allerdings waren als klassische bürgerliche Grund- und Freiheitsrechte die Rechtsgleichheit, Freiheit der Person, das Recht der freien Meinungsäußerung, Petitionsrecht, die Versammlungsfreiheit sowie die Glaubens- und Gewissensfreiheit in die Weimarer Verfassung bereits aufgenommen.

Wie lange war die Weimarer Verfassung in Kraft?
In den zehn Jahren bis 1929 hatte sich der Kompromiss zwischen den drei Koalitionsparteien zum größten Teil aufgezehrt. Im März 1930 zerbrach die *Große Koalition* und die Zeit der Präsidialkabinette begann. Nach der Machtübernahme der Nationalsozialisten 1933 besaß das *Führerwort* Gesetzeskraft. Durch die Reichstagsbrandverordnung und das Ermächtigungsgesetz ausgehöhlt existierte die Weimarer Verfassung bis zur deutschen Kapitulation im Zweiten Weltkrieg 1945 formal weiter.

Die Goldenen Zwanziger

Die Goldenen Zwanziger waren die Jahre von 1924 bis 1929, die die deutsche Isolation beendeten. Während dieser Phase genossen sowohl Wirtschaft als auch Kultur und Gesellschaft in Deutschland einen immensen Aufschwung.

Was waren die Voraussetzungen für den Aufschwung?

Ein sehr wichtiger Faktor war die Politik von Außenminister Gustav Stresemann. Ihm gelang es, Deutschland aus der Isolation zu befreien, in die das Land nach dem Ersten Weltkrieg geraten war. Ein weiterer wichtiger Faktor war der 1924 angenommene *Dawesplan*. Er regulierte die im *Versailler Vertrag* festgelegten Reparationszahlungen und folgte dabei dem Grundsatz, dass sich Deutschland zuerst wirtschaftlich stabilisieren solle, bevor weitere Reparationen zu leisten seien. Mit dem *Dawesplan* wurden Deutschland auch Auslandskredite in Millionenhöhe gewährt. Mit der Währungsreform wurde die Geldentwertung gestoppt. Insbesondere durch die Kredite wurden wieder Investitionen in die Industrie möglich. Die Wirtschaft wurde angekurbelt und blühte auf.

Wie profitierte die Bevölkerung von dieser Entwicklung?

Ab 1924 stiegen die Einkommen und damit auch die Kaufkraft. Gesundheits- und Arbeitslosenversicherung sowie der 8-Stunden-Tag wurden eingeführt, und ab 1927 gab es Überstundenzuschläge. Es wurden kleinere, günstigere Wohnungen mit einer besseren Wohnaufteilung gebaut. Fließendes Wasser und elektrisches Licht wurden die Regel. Mit Theatern, Kabaretts und Romanen entstand eine neue Massenkultur. Bei der Bevölkerung kamen v. a. die aufkommenden Medien gut an: Kinos, Tageszeitungen und Radio wurden zu einer Selbstverständlichkeit.

Wie endete die Blütezeit?

Es gab auch Schattenseiten: Durch die Einführung des Fließbandes in den Fabriken wurden viele Menschen arbeitslos. Zwar gab es Unterstützung für Arbeitslose, da jedoch die Versicherungsbeiträge sehr gering waren, war auch die Arbeitslosenhilfe äußerst dürftig. Zudem stieg die Kriminalität rasant an. Besonders Jugendliche begingen immer mehr Straftaten, da sie von Armut und Zukunftsangst geplagt waren. Das Ende der *Goldenen Zwanziger* wurde mit dem so genannten *Schwarzen Freitag* (25. Oktober 1929) an der New Yorker Börse eingeläutet. Die Konjunktureinbrüche zwangen die USA, die zuvor an Deutschland vergebenen Kredite kurzfristig zurückzuverlangen. Die meisten Banken kamen dadurch in schwere Liquiditätsprobleme und es folgte Konkurs auf Konkurs. Die Arbeitslosenzahl stieg in astronomische Höhen. Die Depression legte beinahe die gesamte Weltwirtschaft lahm und wurde zur größten wirtschaftlichen Katastrophe der Neuzeit. Damit war auch der Höhenflug Deutschlands beendet.

Gustav Stresemann

Die Weltwirtschaftskrise

Die Weltwirtschaftskrise wurde durch den Zusammenbruch der New Yorker Börse am Schwarzen Freitag, dem 25. Oktober 1929, ausgelöst.

Was ist unter einer Weltwirtschaftskrise zu verstehen?
Seit es Handel gibt, sind Volkswirtschaften miteinander verbunden. Je stärker diese Form des wirtschaftlichen Austauschs ist, desto höher ist der Grad der Abhängigkeit. Eine derartige Vernetzung bringt auf der einen Seite eine enorme Effizienzsteigerung mit sich da das Handelsaufkommen wächst. Auf der anderen Seite macht sie die daran beteiligten Volkswirtschaften aber auch krisenanfällig. Geht es mit einem Land wirtschaftlich bergab, so sind zwangsläufig auch die anderen Länder betroffen. Geraten die anderen Länder in den Strudel des wirtschaftlichen Abschwunges, setzt schnell ein Dominoeffekt ein.

In welcher wirtschaftlichen Situation kam es 1929 zur Krise?
Nach dem Ende des Ersten Weltkrieges gab es zunächst in den meisten beteiligten Ländern einen wirtschaftlichen Aufschwung. Sogar das besiegte Deutsche Reich profitierte von dieser Entwicklung. Doch der wirtschaftliche Aufschwung stand auf unsicheren Füßen. In Deutschland war er größtenteils auf amerikanische Kredite zurückzuführen, die seit dem *Dawesplan* reichlich flossen. Es handelte sich um eine *Konjunktur auf Pump*. In Amerika hatte man es ebenfalls mit einem ungesunden Boom zu tun; dieser wurde durch die Umstellung von Kriegs- auf Friedensproduktion ausgelöst. Eine starke Überproduktion war die Folge.

Viele Menschen lebten im Vertrauen auf das Wirtschaftswachstum über ihre Verhältnisse, ermuntert durch günstige Kredite und das System der Ratenzahlung; viele hatten ihr Geld in Aktien angelegt, deren Kurs schnell stieg und großen Gewinn versprach.

Was war der Anlass der Krise?

Im Verlauf des Jahres 1929 kam es zu Absatzschwierigkeiten, Entlassungen und Konkursen. Am 25. Oktober fielen die Kurse an der New Yorker Börse ins Bodenlose. Dieser Tag ging als *Schwarzer Freitag* in die Geschichte ein. Um die Wirtschaftskrise zu überwinden, erschwerten die Vereinigten Staaten den Import durch die Einführung von Schutzzöllen und eine massive Dollarabwertung. Außerdem forderten sie ihre in Europa vergebenen Kredite zurück. Damit weitete sich die Krise der amerikanischen Volkswirtschaft zu einer Weltwirtschaftskrise aus.

Wie wirkte sich die Krise in Deutschland aus?

Die weltwirtschaftliche Krise traf die junge Republik in besonderem Maß. Ab 1930, als sich die amerikanische Krise auszuwirken begann, verschlechterte sich die Situation rapide: Die Zahl der Arbeitslosen stieg auf über 6 Mio. an. Die dadurch sinkende Nachfrage führte zu Produktionsbeschränkungen, diese wiederum hatten Entlassungen und steigende Arbeitslosigkeit zur Folge. Die Rückforderung der amerikanischen Kredite, die meist nur kurzfristig gewährt, im Vertrauen auf eine positive Wirtschaftsentwicklung in Deutschland aber langfristig angelegt worden waren, brachte viele Banken in Zahlungsschwierigkeiten. Ab 1932 kam es zu zahlreichen Bankenpleiten.

Der Weg zur Machtergreifung

Am 30. Januar 1933 ernannte Hindenburg Adolf Hitler zum Reichskanzler und ermöglichte ihm damit, seine Menschen verachtenden Visionen in die Tat umzusetzen, die schließlich in den Zweiten Weltkrieg mündeten und Deutschland an den Rand der Zerstörung brachten.

Was war die politische Zielsetzung der NSDAP?

Paul von Hindenburg

1920 wurde die *Deutsche Arbeiterpartei* (DAP) in *Nationalsozialistische Deutsche Arbeiterpartei* (NSDAP) umbenannt. 1921 stieg Adolf Hitler zum Ersten Vorsitzenden der Partei mit weit reichenden diktatorischen Kompetenzen auf. Mehrheitsentscheidungen gab es nicht mehr. Laut Parteiprogramm präsentierte sich die NSDAP extrem imperialistisch, antikapitalistisch, antiliberal und v. a. antisemitisch. Ein Großdeutschland, die Revision des *Versailler Vertrags* und deutsche Kolonien waren die Hauptforderungen des Programms. Während Hitler nach seinem missglückten Münchner Putsch 1923 in Haft saß und die NSDAP verboten war, schrieb er den ersten Band seines Buches *Mein Kampf*. In diesem offenbarte er seine Visionen und die Ausmaße seiner Ideologie, die von vielen unterschätzt oder gar nicht gelesen wurden.

Wie gelangte die NSDAP zu größerer politischer Macht?
Nachdem Hitler nur ein Jahr nach seiner Verurteilung wieder aus der Haft entlassen worden war, arbeitete er vermehrt mit Parteien und Gruppierungen aus den bürgerlichen Kreisen – wie etwa der *Deutschnationalen Volkspartei* (DNVP) – zusammen. Dadurch wurde seine Position v. a. bei der mächtigen Industrie und auch unter verschiedenen bürgerlichen Kräften verbessert. Außerdem wollte er von nun an auf eine gewaltsame Machtübernahme verzichten und die Demokratie mit ihren eigenen Mitteln abschaffen. 1930 erzielte die NSDAP ihren ersten nennenswerten Wahlerfolg. Mit 18,4 Prozent gelang es ihr, hinter der SPD zweitstärkste Fraktion im Reichstag zu werden. Um gegen die amtierende Reichsregierung Brüning eine gemeinsame rechte Opposition zu bilden und sich weiter bei den bürgerlichen Kräften zu profilieren, schloss sich Hitlers NSDAP daraufhin der *Harzburger Front* an, zu der auch die DNVP gehörte. Doch man konnte sich 1932 nicht auf Hitler als gemeinsamen Kandidaten für die Reichspräsidentenwahl einigen. Er verlor gegen den damals amtierenden Präsidenten Hindenburg. Am 31. Juli 1932 wurde die NSDAP erstmals mit 37,4 Prozent stärkste Partei im Reichstag. Aber erst nach einer weiteren Wahl und dem Einwirken des ehemaligen Reichskanzlers Franz von Papen war Hindenburg bereit, Hitler zum Reichskanzler zu ernennen.

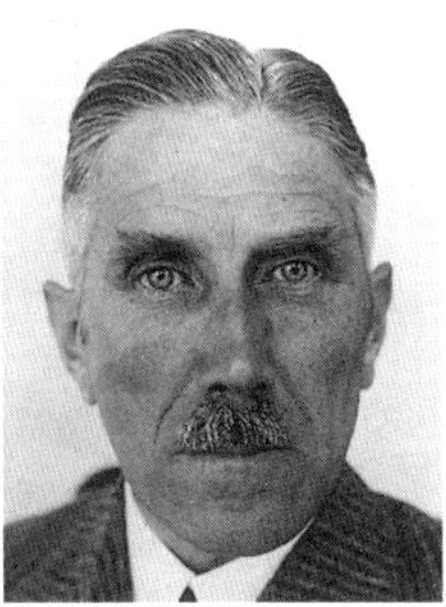

Franz von Papen

Nazi-Diktatur

Unter Anwendung von Gewalt, Mord und Terror verwirklichte Hitler sein Konzept der gesellschaftlichen Gleichschaltung Deutschlands.

Wie festigte Hitler die politische Situation seiner Partei?

Gehörten Hitlers Kabinett anfangs nur drei Nationalsozialisten an, war die Politik seiner Regierung sehr schnell eine vom nationalsozialistischen Gedankengut geprägte. Sein Ziel war die Gleichschaltung aller politischen und gesellschaftlichen Kräfte, zugespitzt auf ihn selbst. So war etwa der Reichstagsbrand einen Monat nach dem Amtsantritt der neuen Regierung am 27. Februar 1933 ein guter Vorwand, um die Freiheit der Bevölkerung stark einschränkende Maßnahmen vorzunehmen und somit die politische Opposition auszuschalten. Die Reichsregierung nutzte die ihr neu zur Verfügung gestellten Möglichkeiten, um zahlreiche Kommunisten, Sozialdemokraten und andere Oppositionelle zu inhaftieren. Darunter waren auch viele Parlamentsabgeordnete, was die Mehrheitsverhältnisse im Reichstag veränderte.

Adolf Hitler

Wie gelang es der NSDAP, den Einparteienstaat aufzubauen?

Aufgrund der veränderten Mehrheitsverhältnisse im Reichstag und Einschüchterungsversuchen seitens SA und SS konnte Hitler

Parteitag in Nürnberg

am 23. März 1933 eine Zweidrittelmehrheit für das von ihm eingebrachte *Gesetz zur Behebung der Not von Volk und Reich*, auch *Ermächtigungsgesetz* genannt, erreichen. Dadurch war es der Reichsregierung möglich, auf eigene Faust Gesetze und Verordnungen zu erlassen, ohne dass sie Reichsrat, Reichstag oder den Reichspräsidenten mit einbeziehen musste. Allein die SPD stimmte geschlossen gegen das *Ermächtigungsgesetz*. Anschließend kam es zu Verboten und Selbstauflösungen gegnerischer Parteien. Am 1. Dezember 1933 war die NSDAP die einzige noch „legal" existierende Partei. Dadurch gewann die Partei auch an gesellschaftlicher Macht. Alle Organisationen wurden in die NSDAP-Strukturen eingegliedert, und alles wurde von Berlin aus kontrolliert. NSDAP-Funktionäre, die von Hitlers Kurs abwichen, wurden aus ihren Ämtern entlassen oder in unwichtigere Stellungen versetzt. Anders war es bei Ernst Röhm, der forderte, die ihm unterstellte SA mit der Wehrmacht zu einer „braunen Armee" zusammenzuschließen. Röhm wurde 1934 unter dem Vorwand, er plane einen Putsch, gemeinsam mit anderen parteiinternen Kritikern auf Befehl Hitlers umgebracht.

Die „Endlösung der Judenfrage“

Der Begriff Endlösung wurde von den Nationalsozialisten geprägt und steht für einen in seiner Grausamkeit in der Geschichte einmaligen Völkermord. Viele Millionen Menschen wurden Opfer der Nazis.

Was wurde auf der Wannseekonferenz besprochen?

Am 20. Januar 1942 rief der Chef der Sicherheitspolizei und des Sicherheitsdienstes Reinhard Heydrich auf Anweisung Görings führende Köpfe der Ministerien und Abteilungen des Deutschen Reiches, die sich mit der *Judenfrage* beschäftigten, zur *Wannseekonferenz* zusammen. Sie sollten über neue Konzepte diskutieren, um die deutschen sowie die von Deutschen besetzten Gebiete restlos von den Juden „zu säubern“. Bisher war die Politik der Reichsregierung die der Zwangsauswanderung der jüdischen Bevölkerung gewesen. Dies brachte jedoch enorme organisatorische und finanzielle Probleme mit sich, wie Einwanderungsbegrenzungen der Immigrationsländer und Mangel an Transportmittel für derartige Massendeportationen. Aufgrund der Tatsache, dass sich Deutschland immer weiter in den Osten ausbreitete, fielen auch immer mehr Juden in seinen Einflussbereich, und in Kriegszeiten war die Emigration ein schwieriges Unterfangen. Die neue Linie sollte daher ein noch grausameres Ziel verfolgen: die Dezimierung der jüdischen Bevölkerung.

Wie sollte die jüdische Bevölkerung dezimiert werden?

Die jüdische Bevölkerung im Osten sollte entweder in so genannte *Ghettos* oder in *Konzentrationslager* überführt werden,

Eingang Konzentrationslager Auschwitz

in denen es aufgrund unmenschlicher Arbeitsauflagen und Lebensbedingungen nach und nach zu „natürlicher Verminderung“ kommen würde. Der „verbleibende (und daher sehr widerstandsfähige) Restbestand“ müsse „entsprechend behandelt“ werden, da er bei Freilassung die „Keimzelle eines neuen jüdischen Aufbaues“ darstellen könne. „Entsprechend gekümmert“ wurde sich auch um die polnisch-jüdische Bevölkerung. Auf Heydrichs Anweisung kam es zu Massenerschießungen. Als man diese als zu unpraktisch einstufte, folgten Massenvergasungen in so genannten *Gaswägen*. Dabei handelte es sich um abgedichtete Lastwagen, in die die Juden hineingepfercht und mit Auspuffgasen vergiftet wurden. Zuerst unterzog man die neu angekommenen Häftlinge einer so genannten *Selektion*, bei der festgestellt wurde, wer arbeitsfähig war und wer nicht. Letztere wurden sofort getötet, die anderen mussten bis zu ihrem Tod harte Arbeit verrichten. Die Toten wurden in Krematorien verbrannt oder in Massengräbern beigesetzt. Erst gegen Kriegsende wurden die grausamen Verfahrensweisen gestoppt.

Der Zweite Weltkrieg

In dem von 1939–1945 in der gesamten Welt geführten Krieg starben über 60 Millionen Menschen, davon etwa zwanzig Millionen Zivilisten.

Wer löste den Zweiten Weltkrieg aus?

Am 1. September 1939 überfiel die deutsche Wehrmacht ohne vorherige Ankündigung und trotz Nichtangriffspakt Polen. Dessen Bündnispartner, Frankreich und Großbritannien, erklärten daraufhin dem Deutschen Reich den Krieg, gefolgt von anderen Staaten. Die USA hielten sich vorerst aus dem Krieg heraus, sicherten jedoch Frankreich und Großbritannien umfangreiche wirtschaftliche und militärische Hilfe zu. Der *Hitler-Stalin-Pakt* sah in einem geheimen Zusatzprotokoll die Teilung Polens in eine russische und eine deutsche *Interessenssphäre* vor. So stand bald das gesamte polnische Gebiet unter deutscher und sowjetischer Herrschaft, nachdem am 17. September die Russen ebenfalls nach Polen einmarschiert waren. Das oberste Ziel der NS-Politik war trotz des Nichtangriffspakts zwischen Deutschland und Russland die Erschließung von *Lebensraum im Osten*. Dabei stand Hitler v. a. England im Weg. Hitler strebte daher einen Sieg über Großbritannien und Frankreich an, bevor diese nach Deutschland vordringen konnten. Frankreich kapitulierte tatsächlich am 22. Juni 1940.

Wie sahen die Pläne gegen Großbritannien aus?

Hermann Göring wollte die Briten durch Luftangriffe zermürben, was im August 1940 jedoch nicht gelang. Durch Italiens Angriff auf Griechenland wurden die im Osten und im Balkan stationierten deutschen Truppen in diesem Gebiet zur Unterstützung der Italiener gebunden. Italiens Vormarsch nach Nordafrika und seine Unfähigkeit, die Briten dort zu besiegen, führte dazu, dass Deutschland an diesem Schauplatz im Dezember 1940 aktiv werden musste. Hitler fasste den Entschluss, trotz der bestehenden Gefahr durch die Briten den Krieg mit der Sowjetunion zu eröffnen.

Wie verlief der Russlandkrieg?

Am 22. Juni 1941 begann Deutschland seinen Krieg gegen die Sowjetunion. Bereits im Spätherbst standen die deutschen Armeen kurz vor Moskau. Doch die Sowjetunion verfügte über mehr Soldaten und Gerät. Die Deutschen hatten keine ausreichende Winterausrüstung und kamen bei Leningrad im Dezember 1941 zum Stillstand. Nach dem Winter rückten sie erneut vor. Die 6. Armee, die schließlich Stalingrad erobern konnte, wurde allerdings eingekesselt. Im Frühling 1943 schlug Hitler dennoch ein Friedensangebot der Sowjets aus. Mit der Winteroffensive 1943 wurden die Deutschen weiter nach Westen gedrängt, bis sie im Sommer 1944 an den Grenzen Ostpreußens standen.

Wie stiegen die Amerikaner in den Krieg in Europa ein?

Als die Japaner bei Pearl Harbor 1941 den amerikanischen Truppen eine verheerende Niederlage beibrachten, standen sie offiziell mit diesen im Krieg. Hitler, obwohl nur durch ein Verteidigungsbündnis an Japan gebunden, erklärte den USA den Krieg. In der Folge griffen sie auf der Seite Englands auch in Europa ein. Ende März 1945 war die westalliierte Front bis zum Rhein vorgedrungen. Die *Rote Armee* sammelte sich, um Berlin einzunehmen. Am 8. Mai kapitulierte die *kommissarische Reichsregierung*.

Deutschland nach 1945

Deutschland kapitulierte 1945 bedingungslos. Die USA, Großbritannien, die UdSSR und Frankreich übernahmen die Kontrolle über die Zukunft des Landes.

Wie sahen die Pläne der Alliierten für die Zukunft aus?
Da die Planungen der vier Siegermächte für Deutschland auch und v. a. aus sehr subjektiven Gründen recht unterschiedlich aussahen, konnte man sich nur auf vage Kompromisse einigen. Zunächst wurden 1945 auf der *Potsdamer Konferenz* die folgenden vier sehr weit interpretierbaren Eckpfeiler der alliierten Besatzungspolitik festgelegt:

Demobilisierung: völlige Abrüstung und Entmilitarisierung Deutschlands,
Denazifizierung: Vernichtung der Nationalsozialistischen Partei mit ihren Gliederungen,
Demokratisierung: lokale Selbstverwaltung nach demokratischen Grundsätzen,
Dezentralisierung der Verwaltung und des Wirtschaftslebens.

Besonders in der Frage der Demokratisierung kam es wegen Differenzen in der ideologischen Betrachtung zwischen der UdSSR und den anderen Besatzungsmächten zu unterschiedlichen Umsetzungen: Die UdSSR sah die Demokratie erst mit der Überwindung des Kapitalismus als gewährleistet an, die Amerikaner hielten hingegen den freien Handel und die wirtschaftliche Selbstbestimmung für einen elementaren Bestandteil dieser Staatsform.

Wie war Deutschland aufgeteilt?

Deutschland wurde in *Besatzungszonen* aufgeteilt, deren Oberbefehlshaber den *Alliierten Kontrollrat* bildeten, über dem lediglich noch die ständige Konferenz der Außenminister stand.

Nürnberger Prozesse

Deutschland bestand aus vier Besatzungszonen, wobei Berlin der Verwaltung aller Besatzungsmächte unterlag. Im *Potsdamer Abkommen* wurde ebenfalls festgelegt, dass die Gebiete östlich der Oder und der Lausitzer Neiße unter polnische Verwaltung fallen würden. Das nördliche Ostpreußen nahe Königsberg wurde als Zugeständnis der Alliierten gegen den Verzicht auf einen Anteil am Ruhrgebiet der Sowjetunion zugestanden. Man begann mit der Ausweisung der deutschen Bevölkerung aus diesen Gebieten. Rund zwölf Millionen Menschen verloren dadurch ihre Heimat im Osten, von denen zwei Millionen auf der Flucht starben.

Die Nürnberger Prozesse

Die Alliierten nahmen Beteiligte und Verantwortliche von Kriegsverbrechen des Zweiten Weltkrieges fest und stellten sie vor Gericht. Ein internationaler Militärgerichtshof führte die Verfahren in Nürnberg durch. Es gab drei Anklagepunkte: 1. Verbrechen gegen den Frieden, 2. Kriegsverbrechen, 3. Verbrechen gegen die Menschlichkeit.

Bündnispolitik nach dem Zweiten Weltkrieg

Nach 1945 setzte auf der ganzen Welt eine Welle von Gründungen neuer Staatsbündnisse ein. Die Weltordnung war durch den Krieg erschüttert bzw. verändert worden, und so erfand man neue Konzepte für den Umgang auf staatlicher Ebene.

Was erhoffte man sich vom Konzept der Vereinten Nationen (UNO)?

Man war sich natürlich der Probleme hinsichtlich der unterschiedlichen ideologischen Sichtweisen von Ost und West bewusst, wollte allerdings trotzdem an dem Konzept der *Einen Welt* festhalten, um trotz der großen Differenzen und des Konfliktpotenzials den Weltfrieden zu erhalten. Der entscheidende Unterschied zum früheren Völkerbund war die Existenz des so genannten *Sicherheitsrats*, ein Organ, das laut *UN-Charta* die *Hauptverantwortung für die Sicherung des Weltfriedens* trug und trägt. Er besteht aus insgesamt 15 Mitgliedern, wovon fünf ständig vertreten sind und über ein *Veto-Recht* verfügen: die Sowjetunion, die USA, Frankreich, Großbritannien und China.

Was ist die Westeuropäische Verteidigungsunion (WEU)?

1954 gründeten Großbritannien, Frankreich, die Niederlande, Belgien, Luxemburg, Italien und die Bundesrepublik Deutschland die *Westeuropäische Verteidigungsunion* „zur wirtschaftlichen, sozialen und kulturellen Zusammenarbeit und zur kollektiven Verteidigung“. Zurzeit wird die WEU immer mehr in die Europäische Union integriert. So kommt es in vielen Ämtern der EU dazu, dass sie in Personalunion mit Ämtern in der WEU geführt werden. Langfristig soll die WEU als Bestandteil der EU die Verteidigung der Union sicherstellen.

Die Präambel der Charta der Vereinten Nationen

Wir, die Völker der Vereinten Nationen – fest entschlossen, künftige Geschlechter vor der Geißel des Krieges zu bewahren, [...], unseren Glauben an die Grundrechte des Menschen, an Würde und Wert der menschlichen Persönlichkeit, an die Gleichberechtigung von Mann und Frau sowie von allen Nationen, [...], erneut zu bekräftigen, Bedingungen zu schaffen, unter denen Gerechtigkeit und die Achtung vor den Verpflichtungen aus Verträgen und anderen Quellen des Völkerrechts gewahrt werden können, [...]

Was ist die Arabische Liga?

Mittlerweile sind 22 Staaten Mitglied der 1945 in Kairo auf eine Initiative Ägyptens hin gegründeten *Arabischen Liga*. Ihr selbst formuliertes Ziel umfasst sowohl die „Koordinierung und Förderung gemeinsamer politischer, sozialer, ökonomischer und kultureller Interessen" als auch die Schlichtung von internen arabischen Streitigkeiten wie beispielsweise im libanesischen Bürgerkrieg. Das oberste Organ der *Arabischen Liga* ist der *Rat*, der zwei Mal im Jahr oder auf Antrag von zwei Mitgliedstaaten tagt. Wenn seine Entscheidungen einstimmig gefasst werden, sind sie für alle Staaten bindend. Der Rat wählt den Generalsekretär, der für die Verwaltungs- und Finanzbüros verantwortlich ist. Seit ihrem Bestehen verfolgt die *Arabische Liga* das Ziel der Gründung eines unabhängigen Staates Palästina.

NATO und Warschauer Pakt

Fast 50 Jahre standen diese beiden militärischen Bündnisse von Ost und West gegeneinander. Nach Gründung der NATO schuf die Sowjetunion den Warschauer Pakt.

Worauf basierte die Entscheidung, die NATO zu gründen?

Der wachsende Druck seitens der Sowjetunion und der Eindruck bei den USA, Russland wolle weiter nach Westeuropa expandieren, ließen die Machthaber über die Gründung eines Verteidigungsbündnisses nachdenken. Europa befand sich teilweise in sehr instabilen politischen und gesellschaftlichen Verhältnissen und war daher sehr anfällig für Angriffe von außen. Die Amerikaner sahen lediglich in einer engen militärischen und politischen Kooperation mit den Europäern eine Chance, sich zu behaupten. 1949 schlossen die Staaten Belgien, Dänemark, Frankreich, Großbritannien, Island, Italien, Kanada, Luxemburg, die Niederlande, Norwegen, Portugal und die USA in Washington D.C. den *Nordatlantikpakt*, in dem sie festlegten, „ihre Bemühungen mit dem Ziel der kollektiven Verteidigung zur Aufrechterhaltung des Friedens und der Sicherheit zu vereinigen".

Wie kam es zur Gründung des Warschauer Paktes?

Die Sowjetunion sah in den Aktionen des Westens eine starke Gefährdung ihrer Position und ging ebenfalls von globalen Expansionsinteressen der USA aus. Als ihr Aufnahmeantrag in die NATO 1954 abgelehnt wurde und man mit der Wiederbewaffnung und der Integration Deutschlands in die NATO begann, schuf die Sowjetunion ein entsprechendes Sicherheitsbündnis im

Harry Truman

Osten. „Unter gleichzeitiger Berücksichtigung der Lage" schlossen Albanien, Bulgarien, die DDR, Polen, Rumänien, die Sowjetunion, die Tschechoslowakei und Ungarn 1955 in Warschau den *Vertrag über Freundschaft, Zusammenarbeit und gegenseitigen Beistand* ab. Er war im Gegensatz zur NATO nicht auf ewig angelegt und hatte eine Laufzeit von 20 Jahren, die allerdings einmal um 20 und noch einmal um 10 Jahre verlängert wurde. Der *Warschauer Pakt* sah im Verteidigungsfall die Hilfe aller Mitglieder mit allen Mitteln vor, während der NATO-Vertrag es jedem Mitglied freistellte, nach eigenem Ermessen Beistand zu leisten.

Warum kam es zur Wiederbewaffnung der Bundesrepublik?

In Korea bildeten sich nach dem Zweiten Weltkrieg zwei Staaten: im Norden die kommunistische Volksrepublik (Nord-) Korea und im Süden die Republik (Süd-) Korea. 1950 griff überraschend die nordkoreanische Armee an. Dieser so genannte *Stellvertreterkrieg* zwischen dem *Kommunismus* und dem *Kapitalismus* beunruhigte die Welt. Der amerikanische Präsident Truman hielt den Vorstoß der nordkoreanischen Armee für den Vorläufer einer kommunistischen Invasion. Westdeutschland wurde aufgrund seiner Grenzlage zum Osten strategisch wichtig. Deutschland trat 1955 in die NATO ein.

Der Kalte Krieg

Der Begriff wurde 1947 geprägt und beschreibt die Auseinandersetzung zwischen den beiden Machtblöcken rund um die USA und die Sowjetunion, die nie zu direkten militärischen Konflikten führte.

Was heißt „Politik der Eindämmung"?

Den Expansionsbestrebungen der Sowjetunion setzte der amerikanische Präsident Harry Truman – der Franklin D. Roosevelt im Amt des amerikanischen Präsidenten nachfolgte – eine *Politik der Eindämmung* entgegen. Der Machtbereich der Sowjets müsse um jeden Preis so klein wie möglich gehalten werden, und Amerika werde jedem Staat und jedem Volk, das sich von innen oder außen durch den Kommunismus bedroht sähe, Hilfe leisten, so der Inhalt der *Truman-Doktrin*. Die Gründung der NATO und die Wiederbewaffnung Deutschlands provozierten die Gründung des *Warschauer Pakts* und manifestierten schließlich die Teilung der Welt.

Chruschtschow

Kam es wirklich zu keinen direkten Konfrontationen?

Die *Kubakrise* von 1962 hätte fast zu einem Krieg zwischen den USA und der Sowjetunion führen können, bei der der Einsatz von Atomwaffen nicht ausgeschlossen gewesen wäre. Als Reaktion

Roosevelt

auf die missglückte und vom CIA unterstützte Invasion in der Schweinebucht am 17. April 1961, bei der etwa 1400 Exilkubaner an der kubanischen Küste landeten und auf enormen und nicht erwarteten Widerstand in der Zivilbevölkerung stießen, stationierte die Sowjetunion unter Nikita Chruschtschow Raketen auf Kuba. Zum einen wollte man damit einen weiteren Angriff durch die Amerikaner verhindern, zum anderen die militärische Überlegenheit des Gegners mindern. Der amerikanische Präsident John F. Kennedy forderte die Sowjetunion am 22. Oktober 1962 ultimativ auf, die Stationierungen abzubauen, und verhängte eine Seeblockade um Kuba. In den darauf folgenden Tagen kam es zu intensivsten Verhandlungen, die den Abbau der sowjetischen Raketenstationierungen auf Kuba, aber auch den der auf Moskau gerichteten Mittelstreckenraketen in der Türkei zur Folge hatten. Es wurde vereinbart, dass man in Zukunft ein effizienteres Krisenmanagement entwickeln wolle. So richtete man den so genannten *heißen Draht*, also die Möglichkeit, jederzeit miteinander in Kontakt zu treten, zwischen UdSSR und USA ein und vereinbarte eine stärkere Rüstungskontrolle im Sinne einer *Entspannungspolitik*.

Kennedy

Der Mauerbau

Am 13. August 1961 schloss die SED-Führung die Grenze zur Bundesrepublik Deutschland und errichtete um Westberlin eine Mauer, um dem Flüchtlingsstrom von Ost nach West Einhalt zu gebieten.

War der Flüchtlingsstrom aus der DDR wirklich so gewaltig?
Etwa 3,49 Mio. Menschen flohen bis 1962 in den Westen, darunter ein Großteil im arbeitsfähigen Alter. Da immer mehr Menschen die DDR verlassen wollten, kam es zu enormen Schäden in der sowieso schon defizitären Volkswirtschaft. Trotz vieler Versprechungen und Maßnahmen seitens der Machthaber glaubten viele Bürger der DDR, dass die ideologischen Vorgaben des Regimes zu einer unrealistischen Wirtschaftspolitik führen würden und eine Verbesserung der Versorgungslage nicht zu erwarten sei. Unpopuläre Maßnahmen der DDR-Regierung wie die Erhöhung der zu leistenden Arbeitszeit bei gleichem Lohn steigerten die Unzufriedenheit. Für viele Landwirte gab auch die rigorose Enteignungspolitik der Regierung den Ausschlag für den Versuch, sich eine neue Existenz im Westen aufzubauen. Viele Familien verloren ihre landwirtschaft-

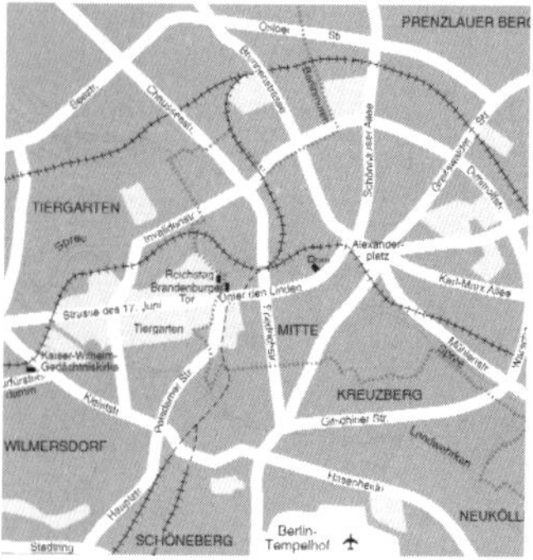

Das geteilte Berlin

lichen Besitzstände, die industriell angelegten Höfen untergeordnet wurden, um so den Ertrag zu summieren. Die Massenflucht in der Landwirtschaft sorgte dafür, dass plötzlich eine große Zahl an Arbeitskräften fehlte. Erhebliche Engpässe in der Nahrungsversorgung waren die Folge.

Konnten die Bürger der DDR nicht dagegen protestieren?
Seit dem 17. Juni 1953 wusste die DDR-Bevölkerung sehr genau, dass Protest tödlich enden kann. An diesem Tag hatten sowjetische Truppen friedliche Demonstranten in allen Teilen der DDR mit militärischer Gewalt zum Schweigen gebracht. 21 der Beteiligten wurden später hingerichtet und etwa 1500 zu Freiheitsstrafen verurteilt. Nicht nur dies zeigte deutlich, dass die DDR-Justiz den Willen der Regierungspartei rigoros durchsetzte und Aufbegehren unerwünscht war.

Welche Konsequenzen hatte der Mauerbau?
Am Morgen des 13. August 1961 begannen Volksarmee und Volkspolizei, die Westberliner Grenze mit Stacheldraht und Steinwällen zu sichern, um in den darauf folgenden Tagen die Mauer komplett fertig zu stellen. Den Bewohnern Ostberlins und der DDR wurde das Betreten Westberlins verboten. Die Mauer wurde durch bewaffnete Grenztruppen bewacht. Bürger, die es wagten, einen beleuchteten Kontrollstreifen, den so genannten *Todesstreifen*, zu überqueren, wurden ohne Vorwarnung niedergeschossen. Auch die Westberliner durften Ostberlin nicht mehr betreten. 1963 erließ die DDR jene „Anordnung über die Einrichtung eines Grenzgebietes an der Staatsgrenze der DDR zu Westberlin".

Der Sechstagekrieg

Der Sechstagekrieg war ein kurzer, aber heftig ausgetragener Konflikt im Juni 1967, in dessen Verlauf das attackierende Israel Teile Ägypten, Jordaniens und Syriens einnehmen konnte.

Welcher Konflikt lag dem Sechstagekrieg zu Grunde?

Der Sechstagekrieg ging auf den alten Konflikt zwischen Israelis und Arabern zurück. Während des Ersten Weltkrieges hatte Großbritannien beiden Seiten einen eigenen Staat auf palästinensischem Gebiet zugesagt. Die *Vereinten Nationen* versuchten zu vermitteln. Ihr Vorschlag, Palästina in zwei getrennte Staaten aufzuteilen, wurde jedoch von den arabischen Palästinensern strikt abgelehnt. Die Israelis nutzten die Gunst der Stunde und riefen im Mai 1948 den Staat Israel aus. Dabei hatten sie die Unterstützung der USA und der Sowjetunion, die Israel umgehend als eigenständigen Staat anerkannten. Die arabischen Nachbarstaaten reagierten mit breit angelegten Angriffen, die im *Unabhängigkeitskrieg* von Israel abgewehrt werden konnten. Die Palästinenser mussten den neuen Staat Israel verlassen.

Was führte zum Sechstagekrieg?

Für keine der beiden Seiten war die Situation zufrieden stellend. Ein Friedensbeschluss existierte nicht. Die Palästinenser lebten im Exil und Israel sah sich ständigen Angriffen arabischer Terrorgruppen ausgesetzt. Verhandlungen wurden von den arabischen Staaten strikt abgelehnt, weil sie in deren Augen einer Anerkennung Israels als Staat gleichgekommen wären. Als der radikale Gamal Abdel Nasser in Ägypten an die Macht kam, spitzte sich

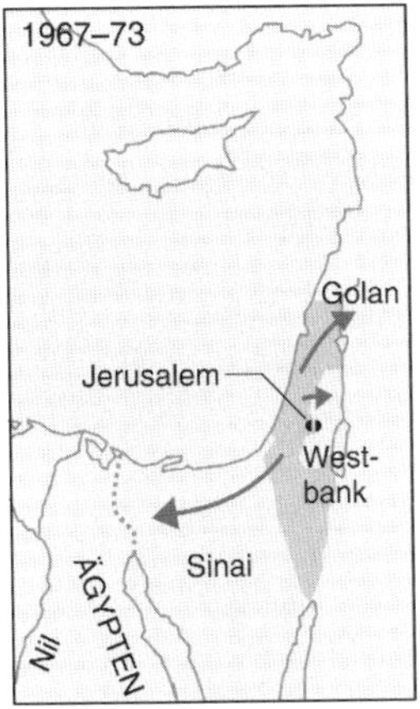

Besetzte Gebiete Israels

die Situation zu: Er vertrieb die UN-Truppen aus der Krisenregion und errichtete eine Schiffsblockade gegen Israel. Als Ägypten seine Streitkräfte massiv aufrüstete und zudem einen Pakt mit Jordanien und Syrien schloss, sah sich die israelische Regierung zum Handeln gezwungen. Am 5. Juni 1967 startete die israelische Armee einen Präventivschlag gegen Ägypten. Das angegriffene Ägypten und die zu Hilfe eilenden verbündeten Staaten waren von der israelischen Offensive völlig überrascht. Der Großteil der gegnerischen Luftwaffe konnte noch am Boden zerstört werden, so ging Israel nach dem Waffenstillstand vom 10. Juni als klarer Sieger aus dem kurzen Krieg hervor.

Fand der Konflikt nach dem Sechstagekrieg ein Ende?
Entgegen den Abmachungen nach dem Krieg besiedelte die israelische Regierung die eroberten Gebiete. Gegen Ende der 1980er-Jahre begannen erste zaghafte Versuche, Juden und Araber zu versöhnen und eine für alle Seiten annehmbare Lösung zu finden. Den Palästinensern wurde eine teilweise Autonomie im Gazastreifen zugesagt. Mitte der 1990er-Jahre entspannte sich die Lage weiter. Der zerbrechliche Friede blieb jedoch weiterhin stark gefährdet.

Der Vietnamkrieg

29 Jahre lang kämpften die verschiedensten Gruppen um die Herrschaft in Vietnam. Der Krieg ist eine der umstrittensten Auseinandersetzungen der Nachkriegsgeschichte.

Warum griffen die USA in den Vietnamkrieg ein?

Nach dem Zweiten Weltkrieg gründete die kommunistische Gruppierung unter Ho Chi Minh die *Demokratische Republik Vietnam* im Norden. Zum Präsidenten ernannte sich Minh selbst. Er arbeitete im Namen der *Liga für die Unabhängigkeit Vietnams*, dem *Vietminh*, gegen die Pläne der Franzosen, die ihre Kolonialherrschaft in *Indochina* wiederherstellen wollten. Es kam zu erbitterten Kämpfen, in denen Frankreich zunächst die Oberhand behielt. Als die gerade in China an die Macht gekommenen Kommunisten politische und militärische Unterstützung gewährten, fürchtete man einen „Dominoeffekt“: ein Übergreifen der kommunistischen und antikolonialen Ideologie auf die benachbarten Länder. Aus diesem Grund kamen die USA 1950 der Bitte der Franzosen um Unterstützung nach. 1954 erlitten die Franzosen trotzdem eine entscheidende Niederlage. Es bildeten sich zwei Staaten: im Norden die *Demokratische Republik Vietnam* unter Ho Chi Minh und im Süden die von Frankreich gestützte *Republik*

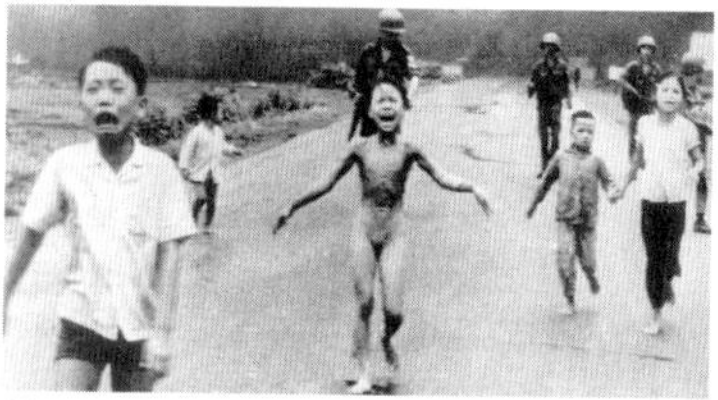

Vietnamesische Kinder flüchten vor Soldaten.

Vietnam unter dem Militärdiktator Ngo Dinh Diem. Die USA lösten die Franzosen 1955 als Schutzmacht in Südvietnam ab. Trotz der Absetzung kam es zu Angriffen seitens des *Vietcong*, einer Freiheitsbewegung der Vietnamesen, auf verschiedene Gebiete Südvietnams. Der damalige amerikanische Präsident Johnson eröffnete nach einer Resolution des amerikanischen Kongresses den Krieg gegen Nordvietnam.

Gab es innenpolitische Proteste bezüglich des Krieges?
Trotz der militärischen Überlegenheit der US-Armee und der Hilfe aus anderen Staaten gelang es den USA nicht, den Krieg zu ihren Gunsten zu wenden. 1965/66 bekundeten die USA unter Präsident Johnson mehrmals Verhandlungsbereitschaft, was allerdings von den Kriegsgegnern ignoriert wurde. Ende 1967, als das Pentagon erstmals die Zahlen der Toten (15.058) und Verwundeten (109.527) bekannt gab, wurden Stimmen laut, die einen sofortigen Rückzug aus dem Krieg forderten. Die Gräueltaten, die von US-Truppen begangen und in der Öffentlichkeit bekannt wurden, sorgten für einen enormen Zulauf zur Friedensbewegung.

Wann zogen sich die Amerikaner aus Vietnam zurück?
Anfang 1973 stellten die USA ihre Angriffe ein und es kam zu Verhandlungen in Paris: Ein Waffenstillstandsabkommen wurde verkündet. Bis Ende März 1973 hatten sich die US-Truppen aus Vietnam zurückgezogen, doch es kam zu weiteren Kämpfen, in denen Südvietnam schließlich unterlag. Die Errichtung der *Sozialistischen Republik Vietnam* stellte den gesamtvietnamesischen Staat wieder her.

NATO-Doppelbeschluss

Die wachsende Bedrohung durch neue Raketen der UdSSR verstärkte Ende der 1970er-Jahre die Bemühungen der NATO um Abrüstungsgespräche. Ziel der Verhandlungen war die Abschaffung landgestützter Mittelstreckenraketen in Europa.

Worin lagen die Probleme für die NATO?

Der Warschauer Pakt verdoppelte von 1976 bis 1981 sein nukleares Mittelstreckenpotenzial. Während sich zwischen Washington und Moskau ein nukleares Gleichgewicht auf geringerem Niveau einstellte, bestand in Europa eine krasse Überlegenheit der Sowjetunion. Nur die Supermacht konnte mit ihren Langstreckenraketen einen nuklearen Schutzschirm für die europäischen NATO-Mitglieder aufrechterhalten. Die Sowjetunion war ohne diesen Schutz der Europäer durch die USA in der Lage, durch einen regionalen Krieg das westeuropäische Verteidigungspotenzial auf einen Schlag zu vernichten. So wurde die Basis der europäischen Sicherheitspolitik zerstört: die konfliktverhindernde Strategie der gemeinsamen Abschreckung.

Reagan

Was ist der NATO-Doppelbeschluss?

Die Außen- und Verteidigungsminister der NATO beschlossen 1979 die Aufstellung von 108 Abschussvorrichtungen für die amerikanische Mittelstreckenrakete Pershing II sowie von 464 bodengestützten Marschflugkörpern (Cruise Missiles). Das westliche Bündnis koppelte an diesen Nachrüstungsbeschluss allerdings das Angebot, auf eine Nachrüstung zu verzichten, falls die UdSSR ihre SS-20-Raketen vernichte und die alten SS-4 und SS-5 außer Dienst stelle. Blieben die Verhandlungen erfolglos, sollte die Nachrüstung ab Ende 1983 in Gang gesetzt werden. 1982 kamen die Verhandlungen zum Stillstand. 1983 stimmte der deutsche Bundestag der Stationierung amerikanischer Mittelstreckenraketen zu.

Wie reagierte die UdSSR?

Gorbatschow

Mit dem Amtsantritt Michail Gorbatschows als Generalsekretär der *Kommunistischen Partei der Sowjetunion* im Jahr 1985 vollzog sich ein Wandel in der Außenpolitik. Gorbatschow erkannte, dass eine Blockadehaltung die UdSSR in eine außenpolitische Isolation trieb. Zukünftig hätte die Sowjetunion auch die Kosten für ein weiteres *Wettrüsten* nicht mehr tragen können. Der US-Präsident Ronald Reagan drohte außerdem mit der weltraumgestützten Abwehr von Atomraketen. Sechs Jahre nach dem Vorschlag Reagans, eine Nulllösung anzustreben, verpflichteten sich Moskau und Washington 1987 mit dem *INF-Vertrag*, weltweit alle amerikanischen und sowjetischen Mittelstreckenraketen zu vernichten.

Das Ende des Kalten Krieges

Über 40 Jahre standen sich zwei völlig unterschiedliche Systeme gegenüber, bis nach dem Zusammenbruch der Sowjetunion der Kalte Krieg ein Ende fand.

George Bush, sen.

Wie begann der Prozess der Auflösung der UdSSR?

Als Michail Gorbatschow 1985 Generalsekretär der Kommunistischen Partei wurde, begann er mit einer umfassenden Reform und Wende in der Innen- und Strukturpolitik. *Perestroika*, das russische Wort für Umbau, und *Glasnost*, der russische Begriff für Offenheit, bildeten die neue Devise der sowjetischen Politik. Die Bevölkerung hatte jetzt nicht nur am politischen Prozess größeren Anteil. Im Jahr 1990 verzichtete die KPdSU offiziell auch auf ihren Machtanspruch. Damit war die Struktur der Sowjetunion einer extremen Änderung unterzogen worden. Insgesamt war eine bemerkenswerte Öffnung der Sowjetunion nach Westen seit dem Amtsantritt Gorbatschows zu verzeichnen. So kam es bei mehreren Treffen zwischen Gorbatschow und den amerikanischen Präsidenten Reagan und Bush sen. zu diversen Abrüstungsabkommen. Der russische Präsident führte auch China und die Sowjetunion nach über 30 Jahren wieder zur Annährung. Schon früh zeigten sich jedoch

Boris Jelzin

die Regierungen besonders der kommunistischen Staaten, in denen es in der vorhergehenden Zeit zu Unruhen in der Bevölkerung gekommen war, sehr skeptisch gegenüber der von Gorbatschow eingeschlagenen Politik. Man hatte früh begriffen, dass das kommunistische System keine große und breite Unterstützung in der Bevölkerung finden würde, sodass die einzige Möglichkeit die Unterdrückung oppositioneller Meinungen und Personen darstellte. Aber auch in der sowjetischen Führung kam es zu Spannungen: Im August 1991 unternahmen orthodox-kommunistische Hardliner einen Staatsstreich gegen Michail Gorbatschow, indem sie ihn unter Hausarrest stellten und vergeblich versuchten, die alte Ordnung wiederherzustellen. Nach drei Tagen gelang es den Reformern, angeführt von Boris Jelzin, den Staatsstreich zu vollenden.

Was waren die Folgen der Reformen?

Der Staatsstreich hatte zu einem enormen Autoritätsverlust Gorbatschows geführt, weshalb er als Generalsekretär der KPdSU zurücktrat. Die Partei wurde aufgrund einer mutmaßlichen Beteiligung an dem Putsch einige Tage später verboten. Die Republiken waren untereinander zerstritten. So bekundeten einige ihre Unabhängigkeit. Am 26. Dezember 1991 löste das Sowjetparlament das einst größte Land der Welt, die UdSSR, auf. Viele ehemalige Republiken bildeten stattdessen die *Gemeinschaft Unabhängiger Staaten* (GUS).

Wiedervereinigung

Am 3. Oktober 1990 trat die Deutsche Demokratische Republik der Bundesrepublik Deutschland bei. Damit bildeten die beiden deutschen Staaten nach über 30 Jahren eine souveräne Einheit.

War die DDR-Regierung zu einer Verständigung bereit?

Nachdem die SED-Führung aufgrund außen- und innenpolitischen Drucks am 9. November 1989 die Grenzen geöffnet hatte, war sie von einer allgemeinen Beruhigung der Bevölkerung ausgegangen, die allerdings nicht eintrat. Immer mehr Menschen gründeten oder schlossen sich Parteien und Bürgerrechtsbewegungen an. Unter dem Druck der DDR-Bevölkerung, die immer mehr auf eine Verständigung mit dem Westen drängte, schlug der neue Regierungschef der DDR, Hans Modrow, am 17. November 1989 die Möglichkeit einer *Vertragsgemeinschaft* zwischen DDR und BRD vor, die von Bundeskanzler Helmut Kohl in seinem *10-Punkte-Plan* am 28. November aufgegriffen wurde. Bei den Wahlen im März 1990 ließ die CDU die SPD klar hinter sich. Wegen schwieriger Koalitionsverhandlungen wurde der CDU-Politiker Lothar de Maizière erst am 12. April zum Ministerpräsidenten gewählt.

Helmut Kohl

Gab es auch Gegner der Deutschen Einheit?

Der damalige Kanzlerkandidat der West-SPD, Oskar Lafontaine,

Oskar Lafontaine

gab während des Wahlkampfes eine rückblickend realistische Einschätzung über Erfolg und finanzielle Probleme einer deutschen Einheit ab, wofür er während seines Wahlkampfes sehr stark kritisiert wurde. Er plädierte für eine „föderativ geprägte" Einheit und warnte davor, in der allgemeinen Euphorie Fehler zu begehen. Ebenso traten besonders die Sozialdemokraten einem Beitritt der DDR zum Bundesgebiet nach Artikel 23 sehr energisch entgegen. Sie befürworteten vielmehr den Weg nach Artikel 146 des Grundgesetzes, der den Zusammenschluss beider Staaten und die Schaffung einer neuen Verfassung vorsah.

Wie standen die Alliierten zur Einheit Deutschlands?

Während sich die USA schnell mit dem Gedanken einer möglichen Einheit Deutschlands anfreundeten, waren die Reaktionen von Frankreich und Großbritannien eher verhalten. Vor diesem Hintergrund war besonders die Reaktion Gorbatschows eine Überraschung, der die Unvermeidlichkeit der deutschen Einheit klarmachte, allerdings eine Einbettung in den europäischen Einigungsprozess für notwendig hielt. Die alliierten Mächte unterzeichneten gemeinsam mit den Vertretern beider deutscher Staaten am 12. September 1990 den so genannten *Zwei-plus-vier-Vertrag*, der die Souveränität Gesamtdeutschlands und jeglichen Verzicht der Alliierten auf deutsches Gebiet festhielt. Am 3. Oktober 1990 wurde die staatliche Einheit Deutschlands vollendet.

Europäische Union

In einem langsamen und etappenweise vor sich gehenden Prozess entwickelte sich die politische EU aus einem in den Anfängen eher wirtschaftlich verstandenen Bündnis. Sie stellt einen Meilenstein auf dem Weg zu einem vereinten Europa dar.

Was war der Ursprung der Europäischen Union?
Mit der 1951 gegründeten *Europäischen Gemeinschaft für Kohle und Stahl* wurde das erste institutionelle und multilaterale Bündnis auf wirtschaftlicher Ebene geschaffen. Bereits 1957 gründeten die Mitgliedsländer Bundesrepublik Deutschland, Frankreich, Italien, Belgien, Luxemburg und die Niederlande die *Europäische Wirtschaftsgemeinschaft* (EWG), um, wie es hieß, „die Grundlagen für einen immer engeren Zusammenschluss der europäischen Völker zu schaffen und wirtschaftlich enger zusammenzuarbeiten". Eine weitere Vereinigung, die *Europäische Atomgemeinschaft* (EURATOM), hatte die Förderung von Atomenergie zu friedlichen Zwecken zur Aufgabe.

Warum waren wichtige Länder nicht von Anfang an dabei?
Weil sie sich nicht mit den weit reichenden Eingriffen durch die EWG identifizieren konnten, gründeten Österreich, Dänemark, Großbritannien, Norwegen, Portugal, Schweden und die Schweiz 1960 die *Europäische Freihandelsgemeinschaft* (EFTA) zur Aufhebung aller Handelsbeschränkungen und Förderung enger wirtschaftlicher Zusammenarbeit, in die die EWG eingeschlossen war. Mit den Jahren verließen jedoch viele Mitglieder die Orga-

nisation und wechselten aufgrund des wirtschaftlichen Erfolgs zur EWG. 1998 bestand die EFTA nur noch aus den Staaten Schweiz, Norwegen, Island und Liechtenstein. Die EFTA unterhält zusammen mit der *Europäischen Union* (EU) seit 1993 einen gemeinsamen europäischen Binnenmarkt, den *Europäischen Wirtschaftsraum* (EWR).

Waren die parallelen Organisationen nicht ineffizient?
1965 wurde der so genannte *Fusionsvertrag* abgeschlossen, der die Zusammenlegung von organisatorischen Strukturen und vertraglichen Bestimmungen von EWG, EGKS und EURATOM mit der *Europäischen Gemeinschaft* (EG) regelte. Die EG stellte den größten Pfeiler und die Grundlage für die später gegründete Europäische Union dar. In ihrem Rahmen fand erstmals 1970 eine informelle Abstimmung der EG-Außenminister hinsichtlich ihrer Politik statt. 1974 wurden die Treffen der EG-Staats- und Regierungschefs im *Europäischen Rat* institutionalisiert. 1979 fanden die ersten Wahlen zum *Europäischen Parlament* statt, das damals noch mit sehr geringen Kompetenzen ausgestattet war.

Wie kam es konkret zur Gründung der Europäischen Union?
1992 unterzeichneten die Staats- und Regierungschefs der EG den *Vertrag von Maastricht*, der die Umwandlung bzw. Integrierung der *EG* in die *Europäische Union* vorsah. Aufgabe dieser Union sollte eine institutionalisierte gemeinsame Außen- und Sicherheitspolitik (GASP), eine gemeinsame Justiz- und Innenpolitik (JI) und weiterhin eine gemeinsame Wirtschaftspolitik (EG) sein. Mit der Zeit wurden Parlament und EU-Kommission immer mehr Kompetenzen zugesprochen.

Maastrichter Vertrag

Der Maastrichter Vertrag wurde 1991 von den Staats- und Regierungschefs der Europäischen Gemeinschaft (EG) verabschiedet. Die Mitgliedstaaten verständigten sich auf die Schritte zu einer Wirtschafts- und Währungsunion.

Welchen Zweck erfüllte der Maastrichter Vertrag?
Mit dem Maastrichter Vertrag wurde die *Europäische Union* (EU) gegründet. Der primär auf wirtschaftliche Zusammenarbeit ausgerichteten Europäischen Gemeinschaft wurden als zwei weitere Säulen die *gemeinsame Außen- und Sicherheitspolitik* (GASP) und die *Zusammenarbeit in der Justiz- und Innenpolitik* (JI) zur Seite gestellt und damit die zuvor wirtschaftlich orientierte Gemeinschaft zu einer politischen Union erweitert. Wichtigstes Einzelergebnis war die Schaffung der Voraussetzungen für eine Wirtschafts- und Währungsunion mit einer einheitlichen europäischen Währung. Auch die gemeinsame Verantwortlichkeit in vielen Bereichen der Forschung und der Politik wurde festgelegt. Des Weiteren wurden Bereiche der Politik integriert, für die zuvor jedes Land alleine verantwortlich war, u. a. der Verbraucherschutz und der Ausbildungsbereich. Gemeinsame Institutionen wie das *Europäische Parlament* und der *Europäische Gerichtshof* wurden durch die Einführung weiterer Sanktionsmöglichkeiten gestärkt.

Wie nahmen die Bürger den Vertrag auf?
Nicht in allen Mitgliedstaaten stießen die Beschlüsse des Vertrages auf Beifall. In Frankreich stimmten gerade einmal 51 Prozent

der Bevölkerung dafür. In Deutschland gab es einige Klagen, die erst durch das Bundesverfassungsgericht abgewehrt wurden. Den heftigsten Widerstand leistete die Bevölkerung Dänemarks, indem sie den Vertrag in einer Volksabstimmung mit 51 Prozent der Stimmen ablehnte. Es bedurfte neuer Verhandlungen und einiger Zugeständnisse, bis die Bevölkerung dem Vertrag in einer erneuten Abstimmung zustimmte. So konnte er zum 1. November 1993 schließlich in Kraft treten.

Was, wenn ein Mitgliedstaat die Bedingungen nicht erfüllt?
Wirtschaftliche und finanzpolitische Vorgaben sollen eine stabile Wirtschaft garantieren, diese Kriterien muss jedes Teilnehmerland erfüllen. Zunächst muss jeder Staat einen jährlichen Bericht abliefern, damit überprüft werden kann, ob das jeweilige Land einen ausgeglichenen Haushalt vorweisen kann. Verzeichnet ein Land einen Verlust von mehr als drei Prozent, kommt es zu einer Abstimmung zwischen der *EU-Kommission*, dem *Wirtschafts- und Finanzausschuss* sowie dem *Rat der Wirtschafts- und Finanzminister*. Der betroffene Staat bekommt daraufhin die Auflage, innerhalb von vier Monaten entsprechende Maßnahmen zu ergreifen. Geschieht dies nicht, können Sanktionen bis hin zu Geldbußen verhängt werden.

Warum wird das Regelwerk „Maastrichter Vertrag" genannt?
Diese Bezeichnung ist die populärste und hat sich mittlerweile durchgesetzt. Der Vertrag heißt so, weil er am 7. Februar 1992 von den Außen- und Finanzministern der Mitgliedstaaten in der niederländischen Stadt *Maastricht* unterzeichnet wurde. Offiziell heißt er jedoch *Vertrag über die Europäische Union*.

Die Europäische Wirtschafts- und Währungsunion

Im Vertrag von Maastricht von 1992 wurde die Schaffung der Europäischen Union sowie einer gemeinsamen Währung aller ihrer Mitglieder beschlossen, die in mehreren Stufen bis zum 1. Januar 2002 etabliert wurde.

Wie kam es zur Währungsunion?

Im Jahr 1957 wurde mit den so genannten *Römischen Verträgen* die *Europäische Wirtschaftsgemeinschaft* (EWG) gegründet. Schon darin war eine Vereinbarung zur währungspolitischen Zusammenarbeit vorhanden. Die Ziele wurden jedoch bis 1969 nur teilweise erreicht. 1970 wurde eine Sachverständigenkommission eingesetzt, die unter der Leitung des luxemburgischen Präsidenten Werner die Möglichkeiten einer gemeinsamen europäischen Währung und Wirtschaft erkunden sollte. Die von der Kommission erarbeiteten Maßnahmen wurden zwar ein Jahr später vom Rat der Europäischen Union beschlossen, das Konzept konnte jedoch erneut nicht bis zum angestrebten Termin verwirklicht werden. Grund hierfür waren die Befürchtungen einiger Mitgliedsländer der EG, ihre Entscheidungsfreiheit bezüglich der eigenen Währung zu verlieren. Im Jahr 1978 wurde ein großer Schritt in Richtung Währungsunion unternommen: Man gründete das *Europäische Währungssystem* (EWS). Dieses System sollte für eine Stabilität der Wechselkurse zwischen den einzelnen Währungen der Mitgliedstaaten sorgen.

Wann kam es zum Beschluss der Union?

Den ersten Schritt zum endgültigen Beschluss machte die EU-

Kommission, indem sie 1989 einen Plan vorlegte, der in drei Stufen zur Union führen sollte. Die erste Stufe war von 1990 bis 1993 angesetzt: In ihr sollten sich die Mitgliedstaaten noch besser aufeinander abstimmen und so einen europäischen Binnenmarkt schaffen. Während der zweiten Stufe hatten die Mitglieder zwischen 1994 und 1998 strenge Bedingungen zu erfüllen, die nötig waren, um die Stabilität der späteren gemeinsamen Währung zu garantieren. Zudem wurde das so genannte *Europäische Währungsinstitut* (EWI) gegründet, das den Grundstein für die spätere *Europäische Zentralbank* (EZB) bilden sollte. Diese sollte schließlich mit Beginn der dritten Stufe am 1. Januar 1999 das EWI ablösen. Zu diesem Datum sollte auch festgelegt werden, wie die jeweilige Landeswährung in die neue gemeinsame Währung, den Euro, umgerechnet werden sollte. Dieser von der EU-Kommission vorgelegte 3-Stufen-Plan wurde 1992 mit dem *Vertrag über die Europäische Union* – auch *Maastrichter Vertrag* genannt – besiegelt und trat am 1. November 1993 in Kraft.

Ab wann war der Euro gültig?

Mit dem Eintritt in die dritte Stufe der Europäischen Wirtschafts- und Währungsunion wurde der Euro eingeführt. Allerdings war er noch kein offizielles Zahlungsmittel, sondern lediglich so genanntes *Buchgeld*. Die Einführung des Euro als gültiges Zahlungsmittel wurde auf den 1. Januar 2002 festgelegt. Ab diesem Termin sollte er die Landeswährungen der Mitgliedsländer ersetzen, wobei die bisherige Währung jedes einzelnen Landes noch für eine Übergangsfrist von sechs Monaten anerkannt wurde.

D

E